AF496716

HISTOIRE

DE

TROIS POTIERS CÉLÈBRES

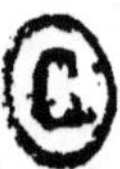

COULOMMIERS. — Typog A. MOUSSIN.

HISTOIRE

DE

TROIS POTIERS CÉLÈBRES

BERNARD PALISSY

JOSIAH WEDGWOOD — FRÉDÉRIC BÖTTGER

PAR

ÉMILE JONVEAUX

PARIS

LIBRAIRIE HACHETTE ET Cie

79, BOULEVARD SAINT-GERMAIN, 79

1874

INTRODUCTION

AUTREFOIS ET AUJOURD'HUI

PROCÉDÉS DE FABRICATION. — HISTOIRE DE LA POTERIE DANS LES
ANCIENS AGES ET DANS LES TEMPS MODERNES.

I

Préparation de la pâte. — L'ébauchage. — Les émaux et vernis. — L'encastage. — L'enfournement.

L'art du potier a de tout temps été si universellement pratiqué, qu'il n'existe aucune nation, civilisée ou barbare, qui n'ait ajouté des pages intéressantes à l'histoire de la céramique. On peut même dire que le degré d'avancement de cette industrie est un infaillible moyen de mesurer le développement d'un peuple.

« Il suffit d'examiner les vases en usage dans un pays, dit sir Samuel Baker [1], pour savoir quel rang il occupe

1. Célèbre voyageur qui a découvert, il y a quelques années, l'Albert Nyanza, un des réservoirs du Nil.

sur l'échelle de la civilisation. Les Chinois, qui possédaient une culture intellectuelle remarquable alors que les Anglais étaient encore barbares, ont été, dès l'antiquité la plus haute, renommés pour leurs magnifiques porcelaines. La différence entre les contrées sauvages et celles qui jouissent des bienfaits des arts, peut se résumer en deux mots : les premières se servent de vases grossiers, les secondes produisent de la porcelaine. On ne saurait se faire une idée de ce qu'il a fallu à l'homme d'efforts, de réflexion, de science et même de génie, pour arriver à la fabrication de ces blanches et fines poteries qui se trouvent aujourd'hui dans toutes les demeures, sans connaître d'une maniere au moins générale les procédés ingénieux et multiples que l'artisan est obligé de mettre en œuvre.

Il n'est guère d'industrie dont les produits terminés diffèrent plus de leur première ébauche ; la matière qui sert à façonner un vase est à l'origine d'une valeur presque nulle ; mais elle peut acquérir un prix immense par le travail de l'homme. Voyez, en effet, cette masse informe de marne ou d'argile que le passant foule aux pieds sans même y prendre garde, voilà l'humble substance qui servira de base aux productions les plus riches, les plus délicates de l'art du potier. Il animera cette poussière du souffle de son génie et en fera une œuvre immortelle ; mais cette transformation ne saurait s'accomplir qu'au prix d'un patient et infatigable labeur.

Et d'abord, l'argile, telle que la nature va la lui offrir, est loin de posséder la pureté nécessaire : il faut la laver avec soin, en séparer les parties végétales et les cailloux qui peuvent s'y trouver. En outre, s'il s'agit, non plus de façonner une poterie grossière, mais de fabriquer de la porcelaine avec le kaolin, cette blanche argile qui provient de la décomposition du feldspath des roches granitiques, une autre opération moins facile et moins simple va se présenter. La matière que le potier doit ici mettre

en œuvre est souvent mélangée de pierres d'un volume
plus ou moins considérable ; l'artisan est obligé de casser
d'abord les plus grosses, puis de broyer sous la meule
d'un moulin les unes et les autres, afin de les réduire en
une fine poussière. A-t-il enfin obtenu de la sorte la pâte
qu'il veut façonner ? Non certes ; il en est encore bien loin.
L'eau qu'il a introduite dans l'argile par le lavage, lui
donne à la vérité la plasticité nécessaire pour le façonnage
des pièces les plus variées ; mais elle nuirait à la poterie
si elle n'en était complètement extraite par la cuisson. Les
objets fabriqués avec une pâte trop molle et trop grasse
éprouvent en se desséchant une déformation fâcheuse et
sont très-sujets à se fendre. Pour qu'ils laissent plus
facilement échapper l'eau qu'ils contiennent, il faut y
joindre des matières qu'on appelle arides ou dégraissantes,
telles que le sable, la craie, le silex, etc. Mais les matériaux
ainsi mélangés forment une composition beaucoup trop
liquide ; on les amène à la consistance voulue par différents
procédés. Dans les pays chauds, l'action de l'air et du
soleil peut suffire ; dans le nôtre, on a ordinairement
recours à la chaleur artificielle. Ce n'est pas tout ; pour
que la pâte préparée de la sorte acquière plus de finesse
et d'homogénéité, l'ouvrier doit maintenant la pétrir, la
fouler sous ses pieds nus, la battre, soit avec ses bras et ses
mains, soit avec des battes de bois, ou bien la comprimer
fortement au moyen de pesants rouleaux qu'on promène
sur toute son étendue.

Ici seulement commence à proprement parler le travail
du potier ; toutes les opérations que nous venons de décrire n'en sont que la partie préparatoire ; l'artisan va
maintenant façonner cette masse terne et grisâtre. Trois
procédés s'offrent à lui. Le plus ancien, l'*ébauchage*, consiste à donner d'abord à la pâte la forme que l'on veut
obtenir en la pétrissant avec les mains ; les contours sont
ensuite arrondis, rendus plus réguliers et plus purs à

l'aide du tour, l'un des instruments les plus antiques de l'industrie humaine. Tantôt cet outil est mû simplement par le pied ; tantôt, quand il s'agit de pièces plus grandes, qui exigent un appareil plus considérable, le tour avec sa roue massive est mis en mouvement par un autre ouvrier à l'aide d'une manivelle ; enfin, dans les fabriques importantes où l'on emploie un grand nombre de ces instruments, on peut se servir d'un moteur puissant et commun, tel qu'une machine à vapeur.

Mais parfois l'ouvrier se borne, comme le sculpteur qui façonne la terre glaise, à se servir seulement de ses mains et du petit outil en forme de spatule qu'on appelle ébauchoir. Quand elles arrivent à être parfaites, les pièces ainsi obtenues sont plus rares et plus recherchées que les autres, parce qu'elles sont pour ainsi dire tout imprégnées de l'esprit, du sentiment qu'y a imprimés la touche du maître.

Le second des procédés employés dans les fabriques de poterie, le *moulage*, est une des opérations les plus compliquées, les plus difficiles, mais aussi les plus importantes de l'art céramique. Un long et ingénieux travail doit le précéder, car il suppose que l'artisan a d'abord entre les mains le modèle de l'œuvre qu'il va reproduire. Ce modèle, fait ordinairement par des artistes appelés *modeleurs*, peut être en argile, en cire, en plâtre ou en métal. L'étain et le bronze sont préférés lorsqu'il s'agit de figures ou de pièces d'ornement dont on veut obtenir un grand nombre d'exemplaires. Quant aux moules, ils doivent être faits avec une matière absorbante, puisqu'ils sont destinés à contenir une pâte imbibée d'eau ; il faut donc qu'ils soient en plâtre ou en terre cuite. Mais les premiers s'émoussent et se brisent aisément ; les seconds, comme toutes les argiles, diminuent à la cuisson et leur grandeur doit être calculée d'avance d'après le retrait qu'ils sont destinés à subir. Les moules se préparent de différentes manières, selon la nature, les formes, les dimensions du modèle; ils sont composés d'un nombre de pièces plus ou moins grand, suivant que l'objet que l'on exécute offre des contours plus ornés. Les anses, les becs, les pieds, etc., se font toujours séparément. Toutes les parties dont le moule est formé sont réunies dans une espèce de boîte de plâtre qui elle-même en reproduit exactement la figure et qu'on appelle une *chape*. Comme le moulage exige une pression considérable, il est nécessaire que l'ouverture soit assez large pour recevoir la masse d'argile que l'on veut y introduire; il faut aussi qu'on puisse la retirer aisément; ces dispositions étant prises, l'ouvrier imprime fortement de petites balles de pâte dans toutes les cavités de l'une des coquilles du moule; s'il façonne une pièce composée de moitiés égales, et qui doive rester pleine, comme l'anse d'un vase ou d'une tasse, on emplit également les deux parties, puis on les applique l'une sur l'autre; si la pièce doit rester creuse, on appuie lentement et fortement, à l'aide de la main, les balles de pâte contre les parois du moule. Souvent aussi, pour avoir partout la même épaisseur d'argile, on amincit la pâte en la pressant sous un rouleau, de façon à obtenir une sorte de lame ou de feuille qu'on applique sur la convexité du noyau en plâtre de la pièce que l'on veut façonner; on la recouvre ensuite avec le moule creux qui doit donner l'extérieur de l'objet dont on vient d'ébaucher l'intérieur; puis on enlève le noyau et l'on maintient l'adhésion de la pâte contre le moule au moyen de tampons que l'on a remplis de poussière d'argile.

Si les opérations que nous avons essayé de décrire exigent beaucoup de soin et d'adresse, le démoulage est fort simple; on laisse l'argile sécher, diminuer de volume en se raffermissant, et l'on peut sans aucune peine la retirer du moule.

Enfin, au lieu d'ébaucher la pièce, ou d'appliquer à la

main l'argile dans une coquille. on emploie souvent un procédé plus expéditif, le *coulage*; mais il faut que l'objet à exécuter soit d'une forme simple et de dimension ordinaire. On prend alors de la pâte que l'on amène par une addition d'eau suffisante à l'état d'une bouillie peu épaisse et on la verse dans le moule de manière à le remplir entièrement; on laisse l'argile se déposer sur les parois, et l'on rejette l'eau qui reste à la surface par une ouverture ménagée à cet effet. Grâce à la propriété absorbante du moule de plâtre, la pâte acquiert promptement une consistance presque égale à celle d'une pièce ébauchée; mais elle n'a que trois à quatre millimètres d'épaisseur. On verse donc une seconde fois, puis une troisième, de l'argile liquide dans le moule, jusqu'à ce que la pâte, ayant pris la solidité nécessaire, l'ouvrier puisse la retirer et la travailler sans craindre de la voir se briser entre ses mains.

Cette pièce qu'il vient de dégager du moule exige en effet bien des soins encore; sa forme est imparfaite: il faut arrêter les contours, polir les surfaces, ajoûter les garnitures et les divers ornements. Les bustes et les figures, les objets qui offrent des reliefs profonds, demandent un véritable sculptage, qui s'opère avec l'ébauchoir et la gouge. Ce travail est souvent fort long, et celui qui l'exécute doit posséder un véritable sentiment artistique, puisqu'il s'agit de reproduire à la main ce que le moule n'a pu donner.

Quant aux ornements des poteries, l'*estampage* permet de les obtenir à la fois délicats, variés et peu coûteux. Ce procédé remonte à l'antiquité la plus haute; on le trouve employé sur les vases étrusques. si abondants en Sicile et en Campanie. Il consiste, comme on sait, à imprimer dans l'argile encore molle les ornements dont on veut l'enrichir, au moyen d'espèces de cachets de métal ou de roulettes de même matière, sur lesquels est gravé en creux le dessin qui ressortira en relief sur la pâte. Un écueil toutefois se présente ici : en appuyant avec force sur une pièce encore humide, l'ouvrier s'expose à la déformer; il doit calculer exactement la consistance de la pâte et le degré de pression qu'elle est capable de subir.

Mais tout le travail précédent n'a encore produit, dans le plus grand nombre de cas, que des parties détachées; il faut joindre les garnitures à la pièce principale; souvent même celle-ci se compose de plusieurs morceaux qu'il est nécessaire d'ajuster ensemble. Comme des surfaces unies se colleraient moins bien, l'ouvrier commence par les rendre rugueuses en gravant de petites raies croisées sur les points d'application; il les enduit ensuite, à l'aide d'un pinceau, de la pâte liquide appelée *barbotine;* ce moyen suffit quand les pièces sont encore humides; mais si elles sont déjà sèches, on est obligé, pour augmenter l'adhérence, de couvrir d'eau gommée les surfaces à réunir.

Voici enfin la poterie complétement façonnée; vase, coupe, aiguière, ou simple objet d'utilité commune, elle offre maintenant au regard une forme parfaite, à laquelle l'artiste ne changera plus rien. Tantôt on la met alors au feu pour la faire cuire à demi, tantôt on la recouvre immédiatement de l'enduit vitreux qui va la rendre imperméable, lui donner son brillant éclat, quelquefois même de riantes et riches couleurs.

Ces enduits portent différents noms, qui sont généralement regardés comme synonymes; mais suivant M. Brongniart, le savant auteur du *Traité des Arts céramiques,* chacun d'eux a une signification particulière; on appelle *vernis* une substance transparente et à base de plomb, qui se fond d'ordinaire à une température inférieure à celle de la cuisson de la pâte; l'*émail* est un enduit opaque, presque toujours stannifère; enfin, la *couverte,* matière terreuse et vitrifiable seulement à une température très-élevée, s'applique sur le grès et la porcelaine dure, tandis que le vernis et l'émail servent pour les faïences.

Des conditions nombreuses, variées, difficiles à remplir sont indispensables à l'objet que le potier se propose en employant ces enduits. Il faut d'abord qu'ils aient avec la pâte une certaine affinité, afin de pouvoir s'étendre complétement sur les pièces ; l'émail, par exemple, doit être mélangé de chaux ; sans cela, il bouillonne et s'amasse en petites gouttelettes. On tomberait dans un autre défaut non moins fâcheux si on rendait son affinité trop grande, car il se mêlerait à la pâte et la laisserait terne. Le degré de fusibilité des émaux et vernis n'exige pas une appréciation moins sûre : un enduit qui ne fondrait pas ou qui fondrait mal, ne donnerait pas à la poterie l'éclat que l'on veut obtenir ; si, au contraire, il se vitrifiait trop longtemps avant la cuisson de l'argile, il coulerait sur les parties inférieures, et rien n'en resterait sur le haut de la pièce. D'autres dangers menacent encore de gâter une œuvre qui a déjà coûté tant de travail. Un feu trop fort enlève la glaçure ; un défaut de dilatation la fait fendre ; il faut que l'enduit soit combiné de façon à suivre parfaitement les mouvements de la pâte, qu'il se rétrécisse au four dans les mêmes proportions, de manière à ne produire ni boursoufflements, ni craquelures. Des qualités si diverses, et qui toutes ont une importance décisive, exigent, on le comprend, des connaissances chimiques étendues ; il a fallu étudier avec soin les propriétés des différentes substances, leurs combinaisons, l'effet produit sur elles par l'action du feu ; la cause d'un défaut, même fort grave, est souvent des plus difficiles à découvrir, car le même inconvénient peut être attribué à plusieurs motifs, et toute une série d'expériences est nécessaire pour trouver le remède.

Trois sortes d'enduits vitreux sont employés dans la poterie ; les uns sont transparents : ils se composent ordinairement de feldspath, de sel marin, de verre, de silice

et de plomb, d'alcalis, de cendres, etc. ; les seconds sont
opaques : l'oxyde d'étain et le phosphate de chaux peuvent
seuls les donner ; les derniers enfin revêtent la pâte de
différentes couleurs, selon qu'on y mêle des oxydes de
manganèse, de cuivre, de fer, de cobalt, etc.

Ces préparations ne sauraient s'appliquer au pinceau
sur la pièce qu'elles doivent recouvrir. Après les avoir
broyées à l'aide d'un moulin, on les délaie dans une certaine quantité d'eau et on plonge rapidement, avec adresse
et précaution, la poterie au milieu de ce liquide ; l'argile
absorbe l'eau qui, en pénétrant dans l'intérieur de la
pièce, dépose à la surface la matière vitrescible qu'elle
contenait. Mais le procédé d'*immersion* n'est pas prati-
cable quand la pâte, étant déjà cuite, a perdu ses qualités
absorbantes. Il faut alors donner un peu plus de consistance au liquide qui renferme l'enduit ; en cet état, on le
met dans un vase de petite dimension, puis on le verse
sur la pièce, qu'on a soin de balancer légèrement pour
étendre le vernis ou l'émail sur toute la surface.

Couverte de la matière qui lui formera une robe brillante, la poterie va maintenant subir la redoutable épreuve
du feu. Ici encore que de méthodes différentes, selon la
nature des pièces, le degré d'avancement de l'art céramique dans les différents pays ! L'inculte habitant de
quelques contrées méridionales laisse, aujourd'hui encore,
au brûlant soleil de son climat le soin de cuire des vases
grossiers, incapables de contenir aucun liquide. L'antiquité, ardemment éprise du beau, mais peu initiée aux
sciences, façonnait des pièces d'un dessin pur, d'un goût délicat et artistique ; malheureusement ces poteries n'étaient
propres qu'à un très-petit nombre d'usages, faute de pouvoir supporter l'action d'un feu violent, faute aussi d'être
couvertes d'un enduit vitreux qui les rendît imperméables.
Le vernis rougeâtre ou noir dont elles étaient revêtues, se
cuisait en même temps que la pâte dans un four d'une

chaleur modérée ; tel est le procédé usité encore de nos jours pour les poteries communes. Les porcelaines dures pourraient également n'être soumises qu'à une seule cuisson, pourvu que la température fût extrêmement élevée ; mais le plus ordinairement elles sont, comme les faïences fines, *dégourdies*, c'est-à-dire placées dans la partie du four la plus éloignée du feu, pour y acquérir une certaine dureté qui permette de les enduire plus facilement de leur couverte ; parfois même on cuit complétement la pâte et l'on en forme le *biscuit*, poterie blanche que l'artisan peut à son gré laisser terne ou revêtir d'émail.

Les hautes températures nécessaires à la cuisson des pièces demandent des fours d'une construction coûteuse et compliquée. Pour ne pas fatiguer l'attention du lecteur, nous indiquerons seulement ceux dont l'usage est le plus général.

Les uns, destinés aux faïences grossières, ont la forme d'un demi-cylindre couché. Tantôt la cheminée de ces fours est placée au-dessus ; tantôt elle est à une des extrémités latérales, tandis que le foyer se trouve à l'autre. Le premier de ces systèmes, déjà fort ancien, fut autrefois employé à Sèvres pour les porcelaines tendres ; mais depuis longtemps on y a renoncé : pour arriver à l'incandescence, il fallait consommer une trop grande quantité de combustible. La chaleur est cependant répartie d'une manière assez égale, ce qui a fait conserver l'usage de ces fours dans les fabriques où l'on n'a besoin que d'une basse température.

Les appareils à cheminées et foyers latéraux permettent d'obtenir une chaleur beaucoup plus considérable, mais qui n'est pas distribuée d'une façon régulière : dans tel endroit, on pourra cuire la porcelaine la plus dure, dans tel autre, fabriquer à peine du biscuit de faïence ; ces inégalités, qu'il est difficile d'apprécier d'une manière exacte, ont rendu ce système d'une application très-peu fréquente.

Les fours cylindriques verticaux sont beaucoup plus répandus. Comme leur nom l'indique, ils offrent à peu près la forme d'une tour ; les foyers, qu'on appelle *alandiers*, sont multiples, latéraux, placés circulairement au nombre de trois, six, et même huit. Cette disposition réunit de grands avantages : la flamme circule d'une extrémité à l'autre du four ; le tirage est si vif que la fumée se brûle entièrement ; il ne reste pas de braise dans le foyer, les cendres même se volatilisent. Toute la chaleur produite par la combustion est portée dans le *laboratoire*, partie de l'appareil où se placent les poteries, et la température reste partout égale.

Si bien aménagé que soit un four, on ne saurait toutefois y mettre les poteries pêle-mêle et à nu, à moins qu'il ne s'agisse de quelques faïences communes dont on ne craint ni de ternir l'éclat, ni d'altérer la forme par l'action directe du feu. Dans le plus grand nombre de cas, les pièces ont besoin d'être enveloppées ou supportées par différents moyens : c'est ce qu'on nomme l'*encastage*. Les étuis ou *cazettes*, dans lesquels se placent les objets que l'on veut faire cuire, sont composés d'une argile à la fois grossière, afin de subir sans se briser le contact du feu, et très-peu fusible, pour résister sans se fondre aux plus hautes températures.

Beaucoup de pièces doivent être soutenues pour ne pas se déformer à la cuisson ; cette opération est fort délicate quand la poterie est déjà vernissée : il faut que les appuis la touchent par des points à peine perceptibles, puisque dans chacun de ces points l'enduit sera enlevé par le contact du support. Pour arriver à ce résultat, on emploie des prismes d'argile dont la forme triangulaire se termine par des arêtes fort aiguës. On les fixe dans des trous pratiqués aux parois de la cazette, et la pièce repose dessus. Les poteries encore molles et non revêtues d'émail sont souvent placées sur des *renversoirs*, sortes de moules de terre cuite qui reproduisent exactement la forme de l'objet qu'ils sont destinés à soutenir. La fabrication de ces supports demande un grand soin, car ils doivent prendre au feu la même retraite que la pièce elle-même, sans cela ils en altéreraient les contours.

Les poteries étant convenablement disposées, on place les cazettes dans le four, en prenant toutefois la précaution d'établir entre elles un espace suffisant pour laisser circuler la flamme et ne pas nuire au tirage.

Le bois est le combustible employé de préférence pour l'alimentation des foyers. On choisit les espèces qui se fendent le plus facilement, car les bûchettes doivent être d'autant plus fines, que l'on veut obtenir une température plus forte et un feu plus vif. Ainsi le chêne, qui donne moins de flamme que le tremble ou le sapin, est moins souvent employé. Les branchages minces réunis en fagot forment un combustible peu coûteux, et l'on s'en sert dans quelques fabriques pour les faïences communes qui n'exigent pas une haute température. Les manufacturiers anglais cependant font usage de houille pour la cuisson de leurs poteries ; ils choisissent, on le comprend, des charbons très-bitumineux, et n'emploient que de gros morceaux ; ces conditions sont indispensables pour obtenir la longue flamme qui doit s'élever dans le four et y répandre une égale chaleur.

Pour que nul courant d'air venu du dehors ne puisse changer la température à laquelle sont soumises les poteries, on a eu soin, après avoir placé les cazettes, de murer l'ouverture par laquelle on les a introduites ; il faut cependant que le potier puisse surveiller l'action du feu, juger de la cuisson des pièces ; à cet effet, on pratique dans différentes parties du four des *visières* qui permettent de voir la couleur des argiles ; le ton rouge sombre, rouge cerise, rouge blanchâtre des poteries ou de leurs cazettes indique à un œil exercé la force du feu et l'égalité de la température. Pour savoir si les pièces sont convenablement cuites, on a recours à un autre moyen : on met de petits morceaux d'argile dans des sortes de tiroirs que l'on peut aisément retirer du four ; ces pièces, appelées *montres*, sont formées d'une pâte toute pareille à celle des autres poteries de la fournée. Leur examen fait juger approximativement l'état de la cuisson.

Après ce rapide coup d'œil sur les nombreuses et savantes opérations nécessaires à l'achèvement du moindre des vases qui ornent nos demeures, on ne sera sans doute pas surpris que l'art du potier soit resté longtemps dans un état voisin de l'enfance. Les procédés étaient imparfaits, l'argile blanche qui sert à fabriquer la porcelaine demeura inconnue pendant des siècles ; la riche imagination des anciens rêvait pourtant déjà des formes idéales et pures, mais les instruments et les matériaux manquaient ; les progrès de l'industrie céramique forment une des pages les plus intéressantes de l'histoire de l'esprit humain, car ils se rattachent à la fois à la science et à l'art, ces féconds domaines de toute activité intelligente.

II

Talus. — Thériclès. — Le vase de Nestor. — Le chant du Fourneau. — Le luxe des tables romaines.

Le mot poterie, qui vient du latin *potum*, n'indique ni la forme, ni la matière, mais l'usage. C'était, chez les Latins, le nom du vase à boire. Le mot céramique, qui a aujourd'hui une acception plus large, est tiré du grec et signifie *corne*, en raison de la substance primitivement employée pour servir de coupe. On mit ensuite en usage plusieurs métaux, notamment l'argent, et toutes sortes d'autres matières, mais la forme ancienne fut conservée longtemps, comme on le voit sur les représentations des repas antiques qui sont parvenues jusqu'à nous. Ce nom de céramique, qui ne s'appliquait d'abord qu'à des vases à boire, fut plus tard étendu à l'art du potier lui-même, et finit par comprendre une foule d'objets qui n'ont aucun rapport avec les usages de la table, tels que les tuiles et les briques.

Les produits céramiques possèdent, au point de vue de l'histoire et de l'art, un intérêt égal à celui des monuments de l'antiquité. Les vases de luxe ont joué un très-grand rôle chez les anciens; c'est à eux que nous devons une grande partie de nos connaissances sur les coutumes de la Grèce et de Rome. Quant aux poteries domestiques, elles n'avaient que des emplois restreints, en raison de leur porosité, car on ignorait alors l'usage de la glaçure. Aujourd'hui, au contraire, grâce à l'invention de l'émail, cette industrie a reçu des applications domestiques très-multiples, tandis que les vases de luxe ont perdu la destination funéraire à laquelle un si grand nombre étaient affectés.

Les poteries les plus précieuses qui nous soient parvenues, ont été trouvées dans les tombeaux, non-seulement de tous les peuples de l'Europe ancienne, Grecs, Etrusques, Gaulois, Germains, Scandinaves, mais encore dans ceux des diverses populations du continent américain, le Pérou, le Chili, le Mexique, etc. L'inaltérabilité des vases de terre les rendait, pour cet hommage aux morts, préférables aux objets en métal. En effet, quand des accidents imprévus ne sont pas venus les briser, les poteries, même les moins cuites, sont toujours mieux conservées que les armes ou les médailles. Elles nous présentent dans leur style, leur pâte, leurs genres d'ornement, des indications précieuses sur les peuples qui les ont façonnées. Quelquefois même, comme dans les vases grecs, la peinture qui les recouvre révèle, avec les plus minutieux détails, l'histoire de la religion, des guerres, du gouvernement, des usages civils et domestiques des populations.

Il n'est guère de pays où l'art du potier n'ait été connu et pratiqué dès les temps les plus anciens, mais nous ne parlerons ici que de ceux qui ont produit les œuvres les plus remarquables. Parmi ces derniers, les Grecs occupent une place éminente; ils apportèrent dans la céramique le sentiment du beau dont ils étaient doués à un si haut degré. Ce peuple avait pour les vases en terre cuite une véritable passion; aussi entourait-il de respect, non-seulement les artistes qui créaient les formes et les ornements, mais encore les artisans qui exécutaient le travail.

La Grèce érigeait des statues aux potiers les plus célèbres, frappait des médailles à leur effigie, et transmettait leur nom à la postérité. Pline et d'autres écrivains nous ont fait connaître un grand nombre de ces artistes, parmi lesquels nous citerons Corœbus d'Athènes qui, environ 1500 ans avant J.-C., fut, dit-on, l'inventeur de la céramique; Talus, neveu de Dédale, qui, trois siècles plus tard, imagina le tour à potier; Thériclès, qui donna son nom à plusieurs vases, particulièrement à une poterie noire susceptible d'un très-beau poli, etc. Les plus grands artistes, le sculpteur Phidias, l'architecte Polyclète, ne dédaignaient pas de mettre leur génie au service de la céramique, en créant de nouvelles formes.

De nombreuses médailles athéniennes ou béotiennes, sur lesquelles on voit un vase surmonté d'une chouette, l'oiseau consacré à Minerve, montrent aussi l'importance que les Grecs attachaient à l'art de façonner l'argile. Ils n'ont cependant su donner à leurs poteries aucune couleur variée. La décoration, réduite chez eux à des ressources très-restreintes, mais dont ils ont su tirer un parti admirable, consistait en dessins et en figures revêtues d'un beau noir brillant, la seule couleur vitrifiable qu'ils eussent inventée. Les sujets représentés sont toujours relatifs à la mythologie, aux mœurs et aux coutumes des anciens âges.

Le nombre des vases peints que renfermait le sol de l'ancienne Grèce est immense. On n'évalue pas à moins de 50,000 ceux qu'on a recueillis depuis deux siècles. Cette richesse s'augmente encore chaque fois que l'on découvre des lieux de sépulture, dans les divers pays où les Hellènes s'étaient établis.

On peut par là se faire une idée du nombre des fabriques qui existaient dans ces temps reculés. Les plus célèbres étaient Corcyre, renommée pour ses amphores; Athènes, dont les vases appelés *lecythus* étaient en grande estime; Corinthe, patrie du potier Thériclès; Sparte, où se fabriquaient des coupes brunes, destinées aux gens de guerre. Samos passait pour avoir été le berceau de l'art céramique. Ses coupes noires et rouges, avec des ornements en relief, étaient fort recherchées dans toute la Grèce.

Un hymne, qu'Hérodote attribue à Homère, célèbre les potiers de cette île, et décrit les procédés alors en usage. Dans cette pièce, intitulée *le Fourneau*, le poète, que des artisans avaient engagé à leur chanter des vers, en lui promettant quelques vases, s'exprime en ces termes :

« O vous, qui façonnez l'argile, et m'offrez une récompense, écoutez ma voix !

« Minerve, je t'invoque, parais ici, et prête ta main habile au travail du fourneau. Que les vases qui vont en sortir, et surtout ceux qui sont destinés aux cérémonies religieuses, noircissent à point, que tous se cuisent au degré de feu convenable et que, vendus chèrement, ils se débitent en grand nombre dans les marchés et les rues de nos villes; enfin qu'ils soient pour vous une source abondante de profits, et pour moi une occasion nouvelle de vous chanter.

« Mais, si vous voulez me tromper sans pudeur, j'invoquerai contre vous les fléaux les plus redoutables...

« Que le feu dévore votre bâtiment, que tout ce que contient le fourneau s'y mêle et s'y confonde sans retour; que le potier tremble d'effroi à ce spectacle, que le fourneau fasse entendre un bruit semblable à celui que rendent les mâchoires d'un cheval irrité, et que tous les vases brisés ne soient plus qu'un amas de fragments informes. »

Les Romains n'occupèrent pas dans la céramique une place aussi élevée que les Grecs; ce qui caractérise leurs œuvres, de même que celles des Étrusques, c'est la substitution des dessins en relief à la peinture. Les ornements, fort multipliés pour la plupart, étaient exécutés au moyen de moules, de roulettes en terre cuite ou bien encore d'estampilles. Les plus usités étaient les lions, les chèvres, les biches, les colombes, les aigles et les corbeaux.

Beaucoup de poteries romaines servaient, à n'en pas douter, aux usages domestiques. Pline nous apprend que le luxe des tables princières était arrivé à un très-haut degré; un vase de terre avait coûté à l'empereur Vitellius la somme considérable de 200,000 sesterces. Cependant parmi les poteries romaines, gallo-romaines et gauloises, il en était aussi qui servaient d'urnes cinéraires. L'usage de brûler les morts se conserva jusqu'au deuxième siècle de l'ère chrétienne; les cendres alors étaient déposées avec le reste des ossements dans des urnes en pâte noire ou grise, assez larges d'ouverture, d'ornementation très-simple, près desquelles se plaçaient un grand nombre de petits vases.

On adopta ensuite la coutume orientale d'ensevelir les morts et, pendant une période assez longue, cet usage régna concurremment avec celui de la combustion. Quand il eut entièrement prévalu, on ne cessa pourtant pas de mettre les vases funéraires dans les sépultures.

Jusqu'au quatrième siècle, les chrétiens placèrent dans les tombeaux de petites urnes d'argile ; ces poteries, d'abord mates et grossières, puis vernissées, quand on eut découvert la glaçure de plomb, étaient ordinairement au nombre de deux : l'une à la tête du mort, destinée à recevoir de l'eau bénite; l'autre aux pieds, contenant de l'encens et du charbon.

III

Les faïences arabes. — L'Alhambra. — Les majoliques italiennes. — Lucca della Robbia. — Bernard Palissy. — La poterie en Angleterre. — Un secret mal gardé.

Pendant plusieurs siècles, on ne connut en Europe que les poteries rouges des Grecs et des Romains, puis le secret même finit par s'en perdre et l'on fabriqua exclusivement des vases ternes et perméables.

Ce fut seulement au quatorzième siècle que l'on vit paraître la *faïence*, nouveau genre de poterie que caractérisent une pâte tendre, mélangée de calcaire, et un émail opaque produit par l'étain. Les Perses et les Arabes, chez lesquels l'industrie céramique avait depuis longtemps fait de grands progrès, savaient façonner des carreaux de faïence, richement ornés, qu'ils employaient comme revêtement des édifices. Ils apportèrent cet art en Espagne, ainsi que l'atteste la décoration de l'Alhambra,

ce magnifique palais des rois de Grenade. La 'péninsule
italienne fut ensuite le premier pays d'Europe qui connut
et perfectionna la fabrication de la faïence émaillée. C'est
à Lucca della Robbia, sculpteur florentin qui vécut de
1388 à 1450, que l'on attribue la première application d'un
émail dur sur des terres cuites. Ses figurines et ses bas-
reliefs reçurent d'abord le nom de *terra invetriata*
(terre émaillée). Il trouva des continuateurs de ses procédés dans ses frères Attaviano et Agostino, dans ses neveux
et petits-neveux Andréa, Lucca et Girolamo qui, pendant
une période de cent cinquante ans, firent un grand nombre
d'ouvrages du même genre, mais inférieurs, sous le rapport
de l'art, à ceux du premier Lucca. Girolamo della Robbia
vint en France et passe pour avoir contribué à la décoration en carreaux émaillés du château de Madrid, au bois
de Boulogne.

Les terres cuites à relief, revêtues d'émaux blancs mélangés quelquefois d'émaux de couleur, précédèrent les
majoliques de près d'un siècle ; mais comme, en raison de
sa transparence, le vernis de plomb laissait voir la couleur
rouge et sale de la pâte, on s'efforça d'y remédier en pla-
çant sous cette glaçure une matière opaque et blanche que
les potiers nomment *engobe*, dont on recouvre par immersion la surface d'une poterie avant de la cuire. Ce fut
seulement vers l'an 1500 que l'on eut l'idée de substituer
l'étain au plomb pour vernir les faïences sur lesquelles
furent placées les belles peintures qui, sous le nom de
majoliques, ont rendu cette poterie si célèbre. Ce mot
paraît venir de *Majorica, Majorque,* l'une des îles Ba-
léares où les Arabes avaient des établissements céramiques.

L'époque la plus florissante de ces faïences italiennes
est comprise entre les années 1540 et 1560. De remarquables peintures historiques furent exécutées sur de grandes
plaques de faïence, principalement à Castel Durante, sous

la direction d'Arazio Fontana, et à Florence, sous celle de son frère Flaminio.

Toutes les villes d'Italie rivalisèrent alors d'activité artistique, toutes voulurent avoir de grandes manufactures et des maîtres célèbres. Pesaro, à qui l'on doit les plus anciennes faïences de ce genre, conserva sa renommée, tant pour la fabrication que pour la peinture. La ville d'Italie qui, la première après Pesaro, produisit des majoliques, Gubbio, était fière de posséder l'artiste Georgio, inventeur du rouge rubis. Faenza enfin montrait avec orgueil les œuvres de Guido Selvaggio. Le style dominant de toutes ces écoles était celui de Raphaël; on prétend même que l'illustre artiste participait à leurs travaux, mais c'est là une erreur dont on peut facilement expliquer l'origine : le duc Guidobaldo de la Rovere, qui accorda de nombreux encouragements à la nouvelle poterie, donna pour modèles aux peintures des fabriques établies à Pesaro les dessins de Raphaël et de ses élèves; parmi les artistes qu'il employait, plusieurs portaient le nom de l'immortel peintre. Ces belles faïences eurent à l'origine une réputation égale à celle dont jouit plus tard la porcelaine; mais, à la mort de Guidobaldo, la fabrication ne tarda pas à dégénérer. Les célèbres artistes qui avaient élevé si haut la majolique, la délaissèrent, et, après avoir brillé d'un si vif éclat, elle était tombée dans une complète décadence, lorsque, en 1772, le cardinal Stoppani essaya de la relever dans les fabriques d'Urbino; mais ce réveil n'eut qu'une courte durée.

Vers l'époque où la majolique florissait dans la Péninsule, un homme doué de facultés puissantes et d'une force de volonté indomptable, Bernard Palissy, parvenait, après des efforts prodigieux, à découvrir par la seule pénétration de son génie les principaux secrets de cette belle faïence. Les œuvres qui ont fait sa gloire n'ont cependant pas de peintures proprement dites, c'est-à-dire posées à plat et représentant divers sujets par leurs nuances variées. Quels que soient les objets qu'il veuille reproduire, poissons, reptiles, plantes, scènes empruntées à la mythologie ou à l'histoire, ce sont toujours des reliefs coloriés ; son émail est dur, très-brillant, sa couleur généralement vive, quoique d'une gamme restreinte. Impropres à aucun usage, les plats ou plateaux appelés *pièces rustiques* étaient uniquement destinés à garnir les dressoirs qui ornaient les salles à manger de cette époque,

Bernard Palissy ne divulga point ses secrets ; ce fut seulement une dizaine d'années après sa mort que l'usage de la faïence commença de se répandre dans notre pays. Des artistes italiens, attirés par Henri IV, vinrent s'établir à Nevers pour y fabriquer des majoliques, et peu de temps après, Rouen suivit cet exemple. Leurs produits, quoique bien inférieurs à ceux de Pesaro et de Faenza, restèrent fort recherchés jusqu'à la fin du dernier siècle.

Les faïences italiennes ou françaises, les seules dont nous ayons parlé jusqu'ici, étaient surtout remarquables par les peintures que l'emploi de l'émail d'étain avait permis d'y appliquer. Mais quand cette décoration eut été abandonnée des artistes qui l'avaient élevée à une perfection si grande, il ne resta plus que des pièces en pâte tendre d'une composition fort défectueuse. Les anciennes faïences étaient d'ailleurs, par l'élévation de leur prix, interdites aux classes moyennes de la société ; il était réservé à la Grande-Bretagne, cette nation pratique par excellence, de fabriquer une poterie dure, solide, applicable à tous les usages domestiques et assez peu coûteuse pour devenir d'un emploi général.

Parmi les hommes dont l'intelligence féconde apporta d'utiles perfectionnements à la faïence anglaise, nous citerons d'abord les frères Elers, qui introduisirent le procédé de la glaçure au sel marin. Ils découvrirent près de Bradwell une belle argile rouge et, voulant conserver pour eux seuls une exploitation aussi précieuse, ils élevèrent sur la couche même une petite manufacture, dans laquelle ils n'admirent que des ouvriers complètement dépourvus d'intelligence, incapables de comprendre le secret de la fabrication. Tant de prudence ne servit cependant à rien. Un potier rival, nommé Atsbury, se déguisa en manœuvre et contrefit si bien l'idiot qu'il fut admis sans peine dans les ateliers. Doué d'une énergie qu'il eût mieux valu employer à poursuivre un plus noble but, il sut jouer ce rôle sans se démentir un moment pendant des années entières, et se rendit maître du procédé caché avec tant de soin. Mais le plus célèbre des potiers anglais est sans contredit Josiah Wedgwood, le fondateur des fabriques du Staffordshire. Esprit attentif et observateur, il remarqua un jour qu'une terre siliceuse, d'abord noire, devenait blanche après avoir été exposée au feu ardent d'un four; il mélangea le silex avec l'argile rouge employée à cette époque, et il obtint une poterie presque semblable à la porcelaine et susceptible de recevoir des décorations très-variées. La plasticité de la pâte rend le travail facile, et permet d'employer pour l'ornementation des procédés mécaniques, de sorte que le fabricant peut donner à très-bas prix d'élégantes et solides faïences. A partir de ce moment, l'industrie céramique prit en Angleterre l'importance qu'elle possède encore aujourd'hui. Wedgwood avait résolu le difficile problème de mettre sa belle poterie à la portée de toutes les bourses, mais il n'avait point trouvé le secret de la véritable porcelaine.

IV

Une manufacture de porcelaine en Chine. — Un tesson devenu pierre précieuse. — Le fils du roi de Sin-ra. — Marco Polo. Propriétés merveilleuses attribuées à la porcelaine. — Un alchimiste.

Tandis que l'Europe poursuivait, au prix de tant de labeurs, le perfectionnement de la céramique, l'Orient avait, depuis des siècles, inventé une poterie imperméable, transparente et vernissée. Sous la dynastie des Hang, deux cents ans environ avant notre ère, la Chine connaissait déjà la porcelaine. C'est dans le district de Sin-ping que cet art avait pris naissance; mais le premier fabricant dont les annales fassent mention, fut un certain Thao-you, qui vivait au septième siècle et façonnait dès vases de jade artificiel; depuis lors, la tradition a enregistré fidèlement les noms des plus habiles potiers. L'un d'eux, Tchang, fonda dans la province de Kang-si d'importantes manufactures qui, dès l'origine, furent très-renommées pour la perfection de leurs produits. En 1004, sous la dynastie des Song, elles devinrent le siége de la célèbre fabrique impériale appelée King-te-tchin.

Cet établissement est une ville immense, située sur les bords de la rivière Ychang, au milieu d'une vaste plaine, qu'entourent de hautes montagnes. Il n'y eut d'abord que trois cents fourneaux à porcelaine ; on en comptait plus de trois mille constamment en pleine activité avant que les Tae-pings eussent, il y a peu de temps, porté le ravage dans ce riche district. La population de la manufacture s'élevait, dit-on, à plus d'un million d'âmes ; aussi la production atteignait-elle un chiffre dont nous saurions à peine nous former une idée. Un mémoire des porcelaines fournies à l'empereur nous apprend que, dans une seule année, on avait, entre autres objets, fabriqué trente et un mille plats à fleurs, seize mille assiettes blanches avec des dragons bleus, dix-huit mille coupes ornées de dragons, onze mille plats blancs avec dragons et fleurs bleues, et enfin plus de cent mille pièces de vaisselle pour l'usage du palais.

La porcelaine de Chine se compose, comme on sait, d'une argile blanche qui provient de la décomposition du feld-spath. On emploie pour former la couverte une autre roche à peu près semblable, le *pe-tun-tse*, qui, au lieu d'offrir une apparence terreuse, présente des grains cristallins. Cette analogie entre la pâte et la glaçure est très-favorable à la fabrication ; elle permet d'obtenir des poteries fort dures et d'une blancheur absolue.

Dans le travail de décoration, chaque ouvrier a sa spécialité : l'un peint les oiseaux, l'autre les dragons, un troisième les fleurs, un quatrième trace les figures, un autre est chargé des eaux et des montagnes.

La couleur bleue est particulièrement recherchée, surtout la nuance *azur du ciel après la pluie*, qui caractérise les poteries impériales du dixième siècle et que les amateurs paient fort cher. Ce fut Chi-tsong, de la dynastie des Heou-tcheou, qui, consulté par un fabricant, mit cette teinte à la mode. « Qu'à l'avenir, répondit-il, les porcelaines destinées au palais soient bleues comme le ciel que laisse, après la pluie, entrevoir la blanche et flottante armée des nuages. »

Pour produire le bleu qui doit couvrir la pièce en entier ou en partie, deux moyens sont usités en Chine. Le procédé par *immersion*, qui consiste à plonger le vase dans une composition de manganèse et de cobalt ; le procédé par *insufflation*, dans lequel on applique l'extrémité d'un chalumeau sur une gaze chargée de couleur, on souffle par l'autre extrémité et la porcelaine en contact avec la gaze se trouve ainsi semée de petits points bleus. Les vases préparés de cette manière sont beaucoup plus estimés que les autres. A la beauté de la couleur ils joignent encore le mérite des craquelures, sorte de fendillement de l'émail qui, pour être parfait, doit produire de petits carreaux fins et réguliers. Ces porcelaines devinrent, dans les siècles suivants, si rares et si précieuses, que les morceaux se montaient en bagues, en colliers, en boutons.

En Orient les statuettes et autres pièces plastiques ne sont jamais en biscuit comme chez nous ; la pâte blanche est toujours revêtue d'un émail. Outre cette glaçure, les Chinois ajoutent encore des couleurs vives et variées aux figures à larges contours, à ventre arrondi, que nous nommons magots ou poussahs. Qui pourrait deviner que, sous cette grotesque enveloppe, les habitants du Céleste-Empire représentent le dieu de la porcelaine, le martyr de l'art qui, voyant sa fournée compromise par un feu rebelle, se jeta dans le foyer et par son sacrifice, au dire de la légende, se rendit favorable l'indocile élément ?

Longtemps nous avons regardé les Chinois comme dépourvus du sentiment du beau ; jusqu'à la fin du siècle dernier, on ne voyait dans les ouvrages sortis de leurs mains que le côté bizarre ; on ne leur reconnaissait d'autre mérite que l'exécution matérielle, mérite assez grand d'ailleurs pour assurer le succès de leurs porcelaines ; mais grâce aux travaux d'orientalistes distingués, grâce surtout au zèle scientifique de nos missionnaires et de nos marins, l'Asie méconnue s'est révélée. On s'est ainsi convaincu qu'il existe en Chine un art réel, antique comme la civilisation dont il est issu, illustré par des traditions merveilleuses, et raconté par des historiens populaires. La bizarrerie et le grotesque des figures humaines représentées sur les vases sont presque toujours déterminés par les idées religieuses du pays ; mais quelle fantaisie charmante et originale dans les décors, dans la peinture des fleurs et des animaux !

La porcelaine du Japon, rivale de celle de la Chine, lui est quelquefois préférée par les amateurs; elle est cependant d'une origine moins ancienne, et les habitants du Céleste-Empire passent pour avoir été les maîtres de leurs habiles voisins. Vers l'an 27 avant Jésus-Christ, une colonie de Coréens vint aborder dans la province de Halima; elle était conduite, disent les annales du pays, par le fils du roi de Sin-ra, qui, avec un grand nombre de ses partisans, s'établit sur cette terre étrangère, où il introduisit les arts connus en Chine, entre autres la fabrication de la porcelaine.

Vers la même époque vivait dans la province d'Idsoumi, située aussi sur l'île de Nippon, un athlète appelé Nomino-Soukouné, qui acquit une grande réputation par son adresse à façonner des vases et surtout des figurines en porcelaine. Ces statuettes étaient destinées à remplacer les malheureux esclaves que l'on inhumait avec leurs maîtres, selon l'usage barbare qui s'était conservé jusqu'alors. Nomino-Soukouné reçut en récompense l'autorisation de prendre pour nom de famille *Fazi*, en coréen, *Patsi*, fabricant, artiste.

Toutefois les produits japonais étaient bien inférieurs à ceux de la Chine, lorsque, en 1211, un fabricant nommé Katosiro-oyue-mon, accompagné d'un moine bouddhiste, Fo-gen, se rendit dans le Céleste-Empire et parvint à y surprendre les procédés et les secrets de l'art céramique. De retour dans son pays, il fabriqua un grand nombre de pièces aussi remarquables par la finesse et la transparence de la pâte que par la richesse et le goût de l'ornementation.

Bien mieux que nous, les Orientaux ont compris le

genre de décoration applicable à la porcelaine. En effet un vase, une coupe ne sont pas des tableaux, sur lesquels la nature puisse être représentée avec ses ombres, ses perspectives. Dans la peinture, la toile doit entièrement disparaître pour faire place à la scène que le pinceau veut reproduire. L'artiste rapproche certains objets, les fait pour ainsi dire toucher du doigt, les inonde de lumière, tandis que les autres restent plongés dans l'ombre ; il en perd quelques-uns dans le lointain, recule l'horizon ; son unique but est de rendre les admirables effets de la nature, et son plus grand triomphe consiste à faire oublier au spectateur le lieu où il se trouve pour le transporter au cœur même du sujet que son pinceau a retracé.

Bien différent est le but du décorateur en porcelaine : l'objet principal qu'il lui faut mettre en relief, c'est le vase. Les Chinois et les Japonais l'ont compris ; ils n'ignorent pas plus que nous les règles de la perspective et du modelé, comme le montrent leurs albums, leurs portraits, leurs miniatures ; mais ils se gardent bien de faire une application maladroite de cette connaissance sur des objets qui doivent être ornés, non pas effacés par la décoration. Ils cherchent simplement à embellir le vase, à faire valoir ses heureuses proportions, la pureté de ses contours, à flatter les yeux par la beauté et la vivacité des couleurs. Même quand ils introduisent des figures dans la composition, ils ne veulent pas faire de tableau ; jamais ils ne mettent de relief ni d'ombre ; les plis des étoffes sont formés par des « tons sur tons » qui augmentent l'éclat sans salir la nuance. Ils ne prennent aucun souci du modelé, et ne songent qu'à grouper leurs personnages de la manière la plus avantageuse pour leur poterie. Jamais ils n'auraient l'idée de reproduire sur un vase ou sur une coupe le chef-d'œuvre d'un grand maître ; en un mot, ils ne confondent pas l'art décoratif avec l'air expressif ou la peinture proprement dite.

De longs siècles s'écoulèrent néanmoins avant que ces beaux produits de l'industrie orientale fussent connus en Europe. Le voyageur Marco Polo, de retour à Venise en 1295, après un séjour de vingt-six années en Chine, est le premier qui, dans son intéressant récit, en ait fait la description. Des échantillons de porcelaine chinoise ne tardèrent pas à être apportés en Europe; le roi Charles VII en possédait plusieurs dès le commencement de son règne.

On attribua longtemps à la porcelaine de merveilleuses propriétés, entre autres celle de ne pouvoir contenir aucun poison sans déceler aussitôt sa présence, comme le montre le passage suivant emprunté aux *Embarras de la foire de Beaucaire*, pièce de vers imprimée en 1716 :

> Allons à cette porcelaine,
> Sa beauté m'invite et m'entraîne ;
> Elle vient du monde nouveau,
> L'on ne peut rien voir de plus beau.
>
> . . . .
>
> Outre leur attrait divin,
> Ils ne souffrent point le venin ;
> Ils font connaître le mystère
> Des bouillons de la Brinvillière,
> Et semblent s'ouvrir de douleur
> Du crime de l'empoisonneur.

Les relations établies par les Portugais avec la Chine et le Japon s'étendirent vers le milieu du seizième siècle et, à l'aide des comptoirs qu'ils avaient fondés, les transactions se multiplièrent. Les splendides cargaisons expédiées en Europe développaient le goût des amateurs. Ce fut alors qu'on abandonna les majoliques, et que la vogue se porta sur ces produits de l'Orient, si supérieurs à tout ce qui était connu dans nos contrées. L'industrie européenne y puisa cependant une nouvelle sève, elle trouva des inspirations inconnues jusqu'alors, et quand elle fut maîtresse des procédés de la Chine, on vit se déployer cette fantaisie brillante qui a imprimé son cachet sur toutes les œuvres du xviiie siècle.

Dès qu'elles furent apportées en Europe, les porcelaines éveillèrent une vive émulation parmi les industriels et les savants : verriers, fabricants de poterie, alchimistes, tous se mirent au travail. Les princes, frappés de l'éclat, de la dureté, de la transparence et de la solidité des produits de l'Orient, firent les plus grands efforts pour en acclimater chez eux la fabrication. Les recherches ne furent pourtant couronnées de succès qu'en 1700 ; la Saxe, ce pays si bien doué par la nature des éléments propres à la céramique, parvint la première à produire de la porcelaine dure, identique dans sa composition à celle de la Chine.

Nous ne dirons pas ici comment un jeune aventurier, un alchimiste nommé Böttger, découvrit la substance qui sert de base à cette belle poterie ; plus tard, lorsque nous raconterons la vie et les œuvres du fondateur de la manufacture de Meissen, nous ferons connaître cette anecdote curieuse. Böttger fabriqua une immense quantité de pièces d'une imitation tellement parfaite que, sans les épées en croix qui sont la marque de la porcelaine de Saxe, les plus habiles connaisseurs les confondraient avec celles du Céleste-Empire.

Les possesseurs de ce précieux secret mirent tout en usage pour empêcher qu'il ne fût divulgué. Malgré l'étroite surveillance exercée sur eux, quelques ouvriers se laissèrent pourtant séduire, et des établissements rivaux se formèrent sur plusieurs points, en Allemagne, en Danemark et jusqu'en Russie. Ce fut ainsi qu'en 1720 les procédés de Meissen furent transportés à Vienne. Cette ville subit à son tour la peine du talion ; en 1740, un transfuge, profitant des connaissances qu'il avait acquises dans la manufacture autrichienne, prêta son concours à la fondation de Hœchst près Francfort sur le Mein, puis à celle de Nymphemburg près de Munich, de Luisbourg près de Stuttgart et enfin à celle de Frankenthal. Pendant la seconde moitié du xviiie siècle, la fabrication s'étendit à Baden-Baden, à Berlin, à Vallendorf. En même temps la manufacture de Saint-Pétersbourg, à 8 kilomètres de cette capitale, se fondait sous la protection de l'impératrice Elisabeth ; celle de Copenhague fut créée en 1780 par la cupidité de quelques artisans transfuges ; le secret que le hasard avait livré à la Saxe se propageait rapidement dans toute l'Europe septentrionale. Trop fières pour se servir de pareils agents, la France et la Grande-Bretagne inventaient, chacune par des méthodes particulières, une porcelaine *tendre* ou *frittée*, dont la base, au lieu de kaolin, est un verre imparfait qu'on appelle *fritte*. Sa composition artificielle suppose des recherches et des combinaisons bien plus difficiles que celle de la porcelaine de Chine, qui consiste dans l'association de deux matières fournies par la nature. Plus tard néanmoins, les procédés allemands ayant fini par être divulgués, la fabrication de la porcelaine dure se joignit en France à celle de la porcelaine tendre, et ne tarda même pas à la supplanter.

V

Saint-Cloud. — Sèvres. — Est-ce du savon ? — Les bluets. — Les œuvres des grands maîtres. — Le Vase des Travaux. — Les fresques.

Ce fut à Saint-Cloud, en 1695, que, pour la première fois, l'on réussit à obtenir la poterie *frittée ;* ces essais, quoique grossiers et fort lourds, éveillèrent de vives espérances. Plusieurs établissements s'élevèrent, entre autres celui de Vincennes, qui fut le berceau de la fabrique de Sèvres. Louis XV, s'étant intéressé à ses efforts, lui accorda, en 1753, le titre de Manufacture Royale. Dirigés par des artistes d'un rare mérite, les travaux atteignirent un degré de perfection qui les rendit célèbres dans l'Europe entière. Cependant l'époque approchait où la découverte d'un gisement de kaolin allait permettre à la France de rivaliser avec la Saxe. Un savant chimiste trouva près d'Alençon une argile blanche, semblable, pensait-il, à celle qui compose les poteries orientales; mais la couche était peu profonde et de faible étendue: elle ne pouvait donner lieu qu'à une fabrication fort restreinte.

Le pas le plus difficile était cependant franchi. Quelque temps après, la femme d'un pauvre chirurgien de Saint-Yrieix remarqua, dans un ravin des environs de ce bourg, une terre blanche onctueuse qui lui parut propre à remplacer le savon dans le blanchissage du linge. Elle en montra des échantillons à son mari qui, soupçonnant la vérité, se rendit en toute hâte à Bordeaux chez un pharmacien. Ce dernier avait entendu parler des efforts tentés pour découvrir le kaolin; frappé de l'analogie qu'avait avec cette substance l'argile trouvée près de Saint-Yrieix, il en envoya une certaine quantité à l'Académie des Sciences, qui reconnut aussitôt la justesse de sa conjecture.

Cet heureux événement donna une impulsion puissante, non-seulement à la manufacture de Sèvres, mais encore à l'industrie privée. Les usines se multiplièrent à tel point autour de Paris, que leur énorme consommation de bois paraissait menaçante pour l'approvisionnement de la capitale. On eut alors l'idée de se servir de charbon de terre pour la cuisson de la porcelaine, et l'emploi de ce combustible devint obligatoire dans une certaine mesure.

Les rigueurs de la Révolution n'atteignirent à Sèvres que le directeur Régnier ; malgré sa gestion irréprochable, il fut arraché à ses travaux et jeté à la Conciergerie ; on lui substitua des commissaires, membres de la Convention. Mais, chose singulière, l'établissement lui-même qui, par la nature de ses produits, avait une destination tout aristocratique, et dont les priviléges avaient excité si vivement l'animosité des fabricants rivaux, demeura debout au milieu de toutes les ruines de cette époque malheureuse. C'est que, malgré la fureur des discordes civiles, les hommes les plus sanguinaires conservaient alors quelque sentiment de patriotisme ; ils ne voulurent point toucher à une manufacture qui est une de nos gloires nationales.

Comme les autres fabriques européennes, Sèvres s'est exclusivement occupé à l'origine de la beauté de la pâte et de sa blancheur, se bornant à les faire ressortir par quelques motifs empruntés à la Chine. Puisant ensuite en elle-même des inspirations nouvelles, la manufacture abandonna ce genre étranger de décoration pour y substituer les bouquets et les fleurs de pur style français, les oiseaux, les paysages et même les sujets historiques. Vers 1780, on eut l'idée de couvrir la surface des porcelaines d'un semé de bluets détachés avec quelques feuillages. L'essai réussit, et cette ornementation simple et harmonieuse fut accueillie par le public avec tant de faveur, que, pendant plusieurs années, Sèvres, les petites fabriques françaises et Meïssen même ne firent plus autre chose.

Comme tous les arts de luxe, la décoration de la porcelaine perdit beaucoup pendant la Révolution. Le goût et la grâce, qui avaient toujours distingué la manufacture de Sèvres, s'affaiblirent pour faire place à une sécheresse, à une pauvreté de conception dont jusqu'alors on n'avait pas eu d'exemple. Cette grande fabrique ne reprit son rang en Europe que sous l'Empire. A ce moment, on voit apparaître dans les œuvres sorties de l'établissement des tendances architecturales : de grands vases rappelèrent le style grec ou égyptien; des meubles entiers, tables, consoles, secrétaires, se couvrirent de peintures, dont les plus grands artistes ne dédaignèrent pas de fournir les dessins.

Le perfectionnement des procédés de coulage permet aujourd'hui d'obtenir des plaques de porcelaine dont les dimensions atteignent jusqu'à 1 mètre 25 centimètres de haut, sur 1 mètre de large ; grâce à l'étendue de leur surface, on peut reproduire d'une manière inaltérable les chefs-d'œuvre des maîtres, sans craindre les injures du temps, sans être exposé aux miroitages qui se produisent sur les objets de forme creuse ou arrondie. Depuis plus d'un demi-siècle, chaque année enrichit la magnifique collection de tableaux de ce genre que l'on conserve au musée de Sèvres. Dans le nombre, on admire les trois fresques d'après Raphaël, peintes par Constantin; la *Messe de Bolsene* et la *Délivrance de saint Pierre*, par Béranger, l'*Atala*, la *Psyché* de Mme Jacotot, d'après Gérard. A côté de ces œuvres figurent le *Diogène cassant son écuelle*, exécuté d'après Nicolas Poussin par Langlacé, les charmants tableaux de fleurs et de fruits d'après Van Huysum, reproduits avec tant de bonheur par Jacobber.

L'usage de ces plaques fut une innovation des plus heureuses; la porcelaine forme dans ce cas un fonds qui, par sa nature, résiste à l'action du temps; les couleurs, vitrifiées et couvertes d'un émail, conservent, sans jamais s'altérer, leur pureté et leur éclat; elles ont même une finesse qui les rend peut-être préférables à la peinture à l'huile pour les fleurs et les bouquets. Le mérite des artistes qui ont exécuté ces tableaux place Sèvres au premier rang des manufactures européennes. La perfection du dessin, le fini du modelé, la richesse des couleurs.

rendent ces belles copies dignes des grands maîtres qui en ont fourni les modèles. Plût à Dieu que Sèvres n'eût jamais cherché d'autres succès en transportant des tableaux, admirablement reproduits à la vérité, sur des vases, des plats, des assiettes, dont la destination exclut un tel genre d'ornement !

En 1850, par suite d'un nouveau perfectionnement des procédés de coulage, Sèvres réussit à fabriquer des services en porcelaine dite *mousseline*, dont les pièces ont la ténuité d'une coquille d'œuf, et des vases non moins remarquables par leurs dimensions gigantesques, tels que la *Coupe des Travaux*, composée par Diéterle, et modelée par Feuchères.

Pour répondre à l'injuste accusation portée contre elle de ne pouvoir égaler l'ancien Sèvres, la manufacture a produit des pièces qui ne lui cèdent en rien pour la blancheur de la pâte, l'élégance des formes, la pureté des teintes. Mais le talent remarquable de ses artistes ne pouvait s'astreindre à copier servilement le passé ; ils se devaient à eux-mêmes d'attacher leur nom à des œuvres originales. C'est ainsi qu'un habile décorateur a résolu le difficile problème de mettre sur un fond blanc les couleurs les plus brillantes et les plus variées, tout en charmant les yeux par l'extrême douceur de l'ensemble. Pour arriver à ce résultat, il fait courir sur le vase de gracieuses guirlandes d'une nuance effacée, uniforme, le plus souvent d'un vert pâle, qui servent de demi-teintes à d'autres branches de feuilles et de fleurs, jetées avec un goût parfait sur le premier plan et parées du plus vif éclat.

D'autres artistes ont eu l'heureuse idée de transporter sur le biscuit, recouvert seulement d'un émail très-léger, de suaves compositions d'Amaury Duval et d'Hamon ; ce genre de peinture, d'un aspect moins poli et moins brillant que les plaques dont nous avons parlé, a reçu à juste titre le nom de *fresque*.

Mais l'application des couleurs au pinceau est toujours une opération fort longue, qui exige beaucoup de talent de la part de l'artiste, et qui, par conséquent, doit rendre les produits fort coûteux ; on a, de nos jours, songé à employer les procédés mécaniques pour rendre les poteries décorées accessibles à la généralité des consommateurs. Le moyen usité le plus souvent est l'impression sur papier. On enduit le vase, soit d'un mordant, soit d'une mixtion saline, et l'on y applique le papier, qu'on a eu soin de tremper dans l'eau ; on décalque à l'aide d'un tampon, puis on enlève la feuille humide ; le dessin se trouve ainsi transporté sur la poterie ; il ne reste plus qu'à l'y fixer par l'action du feu. Ce procédé ne permet cependant d'imprimer qu'avec une seule couleur ; l'industrie a fait un pas de plus. Au moyen de plusieurs pierres lithographiques, munies de points de repère, on tire successivement sur une même feuille de papier une série de nuances juxtaposées ou superposées, suivant les exigences du sujet. L'encrage de la pierre se fait au vernis. Lorsqu'il est encore frais, on saupoudre l'épreuve avec une couleur fine, impalpable et sèche qui ne s'attache qu'aux points chargés de vernis. On applique ainsi l'une après l'autre toutes les couleurs, en commençant par les plus foncées. Le décalque s'opère comme dans le cas précédent.

Ainsi, d'informe et grossière qu'elle était dans les premiers siècles du moyen-âge, la poterie est devenue un art véritable en même temps qu'une industrie féconde ; elle multiplie ses applications, répond à une foule de besoins journaliers, orne nos demeures et captive nos regards par les formes suaves, les riantes couleurs qu'elle sait revêtir. Que de charme et de confort elle apporte au foyer domestique ! Sa blancheur donne un air de fête à la table la plus frugale ; elle s'épanouit sur les dressoirs de la ménagère : remplie d'une bouillante liqueur, elle circule avec les sourires et les gais propos dans les réunions de famille. Sous forme de vase, elle mêle au parfum des fleurs naturelles sa fraîcheur et son éclat ; enfin, s'élevant plus haut dans le domaine de l'art, elle reçoit, pour les conserver intactes et pures, les conceptions des maîtres, ces œuvres immortelles qui rendent pour ainsi dire visible l'idéal dont toute noble intelligence est éprise.

Les richesses qu'elle a créées sont incalculables ; d'une argile commune et sans valeur, elle tire les éléments d'un commerce prospère, elle nourrit des populations entières d'ouvriers, développe et inspire le talent d'une foule d'artistes, et forme une des sources les plus fécondes des revenus de puissants Etats. Mais, pour arriver à ces résultats magnifiques, que de travaux, que d'efforts ! Combien de vies se sont usées à frayer la voie ! Pour nous entourer du bien-être dont nous jouissons, pour créer ces œuvres que trop souvent notre indifférence laisse solitaires au fond de nos musées, des hommes de génie ont lutté, souffert ; ils ont, au prix de durs sacrifices et de rudes labeurs, arraché à la nature ses secrets.

Connaître les noms, étudier l'histoire de ces bienfaiteurs de l'humanité pour leur apporter le tribut de notre gratitude, ne serait que stricte justice ; mais nous trouverons encore dans cette recherche un enseignement utile, un vif et saisissant intérêt ; car il n'est rien de plus beau, rien qui puisse nous émouvoir plus fortement que de voir le génie, le travail et la persévérance aux prises avec l'adversité, la souffrance, les obstacles sans cesse renaissants.

Au seuil de l'industrie sur laquelle nous venons de jeter un rapide coup d'œil, trois grandes figures nous arrêtent d'abord ; elles personnifient, pour ainsi dire, l'art céramique dans les pays où il est aujourd'hui le plus en honneur. La France montre avec orgueil Bernard Palissy, le sublime artiste, l'infatigable savant dont l'âme, ardemment éprise des merveilles de la nature, voulut en répandre parmi les hommes la science avec l'amour. Le génie patient de Wedgwood convient à l'Angleterre, il en a l'esprit ferme et pratique, la persévérante activité. Enfin, l'Allemand Böttger, caractère faible, intelligence nébuleuse et fourvoyée, a cependant l'heureuse fortune de prendre place à côté de ses illustres rivaux, car il dut au hasard de compléter l'œuvre commencée par tant de générations. La vie de ces hommes, pleine de péripéties dramatiques ou touchantes, mêlée souvent aux évènements politiques de leur siècle, forme une page d'histoire qui a l'attrait de la fiction, l'inimitable caractère de la vérité.

BERNARD PALISSY

CHAPITRE Ier

Le village de la Chapelle-Biron. — Le tour de France. — Un accueil hospitalier. — Le compagnonnage. — Ingénieux stratagème d'un Esculape.

A peu de distance de la petite ville de Biron, dans le Périgord, s'élève, entre le Lot et la Dordogne, un village composé de quelques cabanes chétives, et sur lequel rien ne semble devoir appeler l'attention, ni la beauté du site, ni la fertilité de la campagne ; il est rare cependant que le voyageur passe sans s'arrêter devant le pauvre hameau. C'est que la Chapelle-Biron a vu naître, vers l'an 1510, l'un des hommes les plus éminents du seizième siècle, ce Bernard Palissy qui fut non-seulement un grand artiste, mais encore un écrivain d'un mérite rare, un savant physicien.

Comme il nous le dit lui-même, et comme l'indique du reste l'obscurité du lieu de sa naissance, il était d'une humble famille ; un artisan ou un laboureur pouvait seul habiter les chaumières de la Chapelle-Biron. La pauvreté fut la rude nourricière de son enfance, elle trempa son caractère et l'habitua de bonne heure à supporter vaillamment les luttes de la vie. Ce sont les cœurs faibles qui perdent courage et s'enveniment au contact de la misère ; les âmes viriles en reçoivent un accroissement d'énergie et de ressort. Bernard Palissy en avait fait l'expérience : aussi ne rougit-il jamais de son origine, et plus tard, quand le succès eut couronné ses travaux, il ne craignait pas de parler de « sa petitesse et de son abjecte condition. »

On aimerait à suivre pas à pas les développements de cette riche intelligence, on voudrait savoir dans quel milieu elle dut s'épanouir, contre quels obstacles il lui fallut d'abord lutter. Malheureusement les biographes ne nous ont transmis aucun détail, ni sur les parents, ni sur l'éducation première de Palissy ; le siècle où il vécut était trop agité, la marche des évènements trop rapide pour que les historiens eussent le temps de s'arrêter beaucoup à raconter l'enfance du modeste artiste.

On peut seulement conjecturer qu'il quitta de bonne heure la Chapelle-Biron pour venir habiter Saintes ; là, il apprit à lire et à écrire, ce qui, pour le fils d'un ouvrier du seizième siècle, était déjà un degré d'instruction assez élevé. Il avait en main la clé de la science ; les notions élémentaires acquises par l'enfant devaient ouvrir devant l'homme fait une vaste carrière d'études. En attendant, il fallait vivre, il fallait demander à un travail manuel le pain de chaque jour : le jeune Bernard apprit la vitrerie.

Ce métier ne ressemblait nullement alors à ce qu'il est devenu de nos jours : Palissy ne fut pas un ouvrier comme celui que nous appelons pour poser à nos fenêtres les carreaux brisés par la violence d'un orage ou par notre maladresse ; jamais il ne parcourut les rues de Saintes, portant sur son dos la lourde charge de sa fragile marchandise ; la vitrerie consistait alors à colorier le verre, à le découper en losanges nuancés, et à former ainsi ces mosaïques transparentes qui tamisaient le jour dans les églises et les palais. Mais, tandis qu'il s'exerçait à ce travail, notre jeune apprenti voyait près de lui des ouvriers qui retraçaient sur les vitraux les scènes de la Bible et de la Vie des Saints ; son génie artistique s'éveilla, il résolut de devenir peintre verrier. Pour cela, il devait apprendre le dessin et le modelage ; il se mit à l'étude avec ardeur, et bientôt dépassa ses maîtres. Ce premier succès, loin de lui inspirer une vanité puérile, fut un encouragement à des efforts nouveaux ; à mesure que son instruction s'étendait, il comprenait mieux ce qui lui manquait encore, il sentait croître en lui la soif de savoir. Aussi, tout *en peindant*, comme il dit, des *images* pour vivre, il consacrait les instants de loisir que lui laissait son métier, à élargir le champ de ses connaissances : il apprenait l'architecture et la géométrie ; il suivait, autant que le permettaient les faibles ressources de la ville de Saintes, cette merveilleuse renaissance artistique qui, après avoir été en Italie la gloire de Léon X, commençait à rayonner au-delà des Alpes.

Toutefois, les bornes étroites d'une province ne pouvaient longtemps suffire au besoin d'études qui dévorait Bernard Palissy ; il avait plus de vingt ans, il résolut de commencer son tour de France.

Représentons-nous l'état du pays à cette époque si différente de la nôtre. Un voyage n'était pas chose aisée. Habitués comme nous le sommes à la rapidité des chemins de fer, nous rions des anciennes diligences et des mille embarras qu'elles traînaient à leur suite ; mais, en l'an de grâce 1532, l'imagination ne les rêvait même pas. Les provinces étaient séparées les unes des autres par des barrières jalouses, les routes étaient difficiles et mal entretenues ; point de voitures au service du public, peu d'auberges ; les seuls moyens de locomotion étaient des chevaux de poste qui se louaient fort cher ; à moins d'être riche, on devait cheminer à pied au milieu de périls de toutes sortes, car des troubles fréquents ajoutaient à l'insécurité des campagnes. Les expéditions malheureuses de François Ier, les traités récents avec l'Espagne, les lourdes rançons qu'il avait fallu payer à Charles-Quint avaient humilié, appauvri la France ; les débuts de la réforme commençaient à jeter dans son sein le germe de divisions sanglantes.

A la faveur des désordres, le brigandage avait pris

une extrême audace ; mais Palissy n'avait rien qui
pût tenter la convoitise des détrousseurs de grande
route : il quitta la Saintonge, léger d'argent, riche
seulement d'espoir et de jeunesse, heureux de voir
s'ouvrir devant lui le vaste monde, les horizons in-
connus après lesquels aspirait son ardente imagination. Bien des fois, tandis qu'il se promenait sur les
bords de la Charente, suivant du regard les grands
troupeaux de bœufs qui paissaient l'herbe dans les
vastes prairies, le jeune peintre verrier s'était pris
à rêver une nature moins souriante, mais plus acci-
dentée, plus grandiose. D'ailleurs, pour se perfectionner dans son art, il lui fallait aller en d'autres
villes comparer les procédés de travail avec ceux que
lui avaient enseignés ses maîtres. Il n'y avait point de
livres, point de cours, point de publications, pour répandre d'un bout de la France à l'autre les progrès
industriels ou scientifiques ; l'unique moyen de s'instruire était de voir par soi-même.

Mais il ne suffit pas de voyager : certaines gens peuvent parcourir le monde et revenir chez eux tout aussi
ignorants qu'ils en sont sortis. Si la vue de mœurs
différentes, de pays nouveaux ne développe en nous
la faculté de réfléchir, les excursions lointaines ne
sont qu'un tracas inutile. Pour Palissy au contraire,
elles devinrent un enseignement fécond.

Le voilà, son mince bagage au dos, parcourant la
Guyenne, car, d'après l'opinion générale de ses biographes, ce fut vers le Midi qu'il se dirigea d'abord ;
tout lui est sujet d'études, chaque jour lui apporte

quelque fait à apprendre, quelque merveille à contempler. Au mois d'août, il arrive au Bec d'Ambez ; la chaleur est étouffante, les plaines desséchées par l'ardeur du soleil sont coupées de crevasses si larges, que, dans maint endroit, la jambe d'un homme y pourrait entrer. La chose n'a rien de bien étrange ; mille autres, à la place de notre voyageur, passeraient sans y faire attention ; lui cependant s'arrête, il cherche la cause du phénomène. Trop inexpérimenté encore, il tombe dans une erreur ; mais cette disposition de son esprit, ce besoin de connaître le mettront plus tard sur la voie de vérités que les savants de son siècle ne soupçonnaient pas.

L'aspect de la nature faisait sur lui une impression profonde ; c'est dans ce livre, ouvert par le Créateur à qui veut y lire, que Palissy puisera l'élévation de pensées, la richesse d'aperçus dont témoignent ses écrits.

Depuis une quinzaine de jours [1], il menait cette vie aventureuse, allait où sa fantaisie le poussait, n'ayant le jour d'autre abri qu'un bouquet d'arbres, et parfois la nuit, d'autre asile qu'une grange. Mais déjà son bissac est vide, sa bourse diminue à vue d'œil. Il marche par étapes plus rapides pour arriver à Tarbes ;

1. En l'absence de documents précis, nous avons cru devoir adopter l'itinéraire attribué à Palissy par M. Audiat, dans la biographie remarquable qu'il lui a consacrée. Les détails par lesquels nous avons cherché à rendre plus vivant le récit de ce voyage, sont empruntés aux coutumes du temps ; mais, à partir du retour de notre héros à Saintes et de l'époque de son mariage, l'ombre qui enveloppait sa vie se dissipe, nous n'avançons plus le moindre fait qui ne soit appuyé sur l'histoire.

quand il y entre, il a dépensé le matin les quelques
deniers qui lui restent pour acheter de quoi faire un
maigre repas ; il ne connaît personne dans la ville et
n'a pas la moindre lettre de recommandation ; cependant notre jeune ouvrier ne semble éprouver aucune
inquiétude, il a la démarche assurée, le front joyeux.
Quel motif peut lui inspirer cette confiance ? Il se
fait indiquer une des rues les plus anciennes de la
vieille cité ; vers le milieu de cette rue se trouve une
maison de modeste apparence ; il frappe, une vieille
femme vient lui ouvrir. D'abord, elle regarde d'un
œil surpris le visage de l'étranger qui se présente
ainsi devant elle, mais il se penche vers son oreille
et murmure à voix basse quelques mots mystérieux.

« Soyez le bienvenu, mon fils, dit aussitôt avec
empressement la maîtresse du logis. Je vais préparer
pour vous la meilleure chambre de la maison. En
attendant, asseyez-vous et mangez ; vous avez marché
longtemps, vous devez avoir faim. »

Elle avait placé devant le jeune homme un morceau
de viande froide, un flacon de vin et des fruits. Sans
se faire prier davantage, il attaqua de grand appétit
les vivres qui venaient si à propos réparer ses forces
épuisées.

« Vos nippes paraissent en bon état, reprit la vieille
femme en examinant le costume du voyageur ; quant
à la table et au gîte, vous n'avez pas à vous en inquiéter, vous les trouverez ici ; de plus, quoique les temps
soient bien durs, je puis vous avancer quelque argent, si vous en avez besoin.

— Grand merci, la mère; je compte dès demain me mettre à la besogne. Vous ne manquez pas d'ouvrage ici, je suppose?

— Hum! hum! La vitrerie n'a pas grande requête. L'art s'en va, mon fils; mais qu'attendre de mieux d'un peuple qui perd la foi? Ah! ce n'était pas ainsi de mon temps, et je n'aurais jamais cru que mes pauvres yeux verraient ce que je vois aujourd'hui : des gens qui ne savent même plus leur catéchisme et qui veulent en remontrer à leurs curés et à leurs évêques!

— Les hommes dont vous parlez sont les amis de notre roi, qui les protège en Allemagne contre Charles-Quint, leur empereur.

— Oui, oui, et Dieu sait comment les choses finiront. Moi. je ne trouve pas sage celui qui attise le feu dans la maison de son ennemi, sans prendre garde que l'incendie peut gagner la sienne.

— Bah! si le feu exerce quelquefois des ravages, c'est lui aussi qui donne à nos vitraux leurs brillantes couleurs. Quant à la décadence de l'art, que tout à l'heure vous déploriez, où donc la voyez-vous? Jamais l'amour du beau n'a davantage enflammé les esprits. N'avez-vous pas entendu dire combien sera merveilleux le palais que le roi se fait construire à Fontainebleau? Et les embellissements du Louvre, et cette foule d'artistes attirés d'Italie pour nous servir de maîtres, comptez-vous tout cela pour rien?

— On bâtit des châteaux, répliqua la vieille femme en branlant la tête, on n'élève plus d'églises. »

Un imperceptible sourire effleura les lèvres de Palissy. Comme on a pu l'entrevoir à la réserve de ses réponses, une sympathie secrète commençait dès lors à l'entraîner vers les novateurs religieux.

Cependant la vieille femme était sortie pour s'occuper de l'installation de son hôte. Bientôt le voyageur fut conduit dans une vaste chambre, pourvue d'un ameublement qui, vu l'époque, pouvait passer pour très-confortable : lit de dimension énorme, bahut, escabeau, bassin, aiguière, etc. C'était plus que le jeune ouvrier n'en avait jamais possédé à Saintes ; il parcourut d'un œil satisfait son nouveau logis, et se mit en devoir de procéder à sa toilette, car la route poudreuse avait couvert ses vêtements d'une épaisse couche grise.

Nous le laisserons livré à ce soin pour expliquer au lecteur comment il avait pu recevoir dans une ville étrangère une hospitalité aussi généreuse. La femme qui l'avait accueilli ne l'avait jamais vu, mais c'était la *mère du compagnonnage* des vitriers. Grâce aux associations du seizième siècle, l'ouvrier trouvait partout, qu'il restât dans sa province, ou qu'il fît son tour de France pour s'instruire, une protection puissante et continuelle, il voyait s'abaisser devant lui toutes les barrières. Les membres d'un même compagnonnage ou *devoir* partageaient entre eux le travail, s'aidaient les uns les autres de leurs conseils et de leur bourse ; chaque société avait une *mère*, femme âgée chez laquelle se tenaient les réunions, et dont le logis était l'asile des *frères* lorsqu'ils tombaient malades ou se trouvaient sans ressources. Un nouveau compagnon arrivait-il dans une cité, il frappait à cette porte, se faisait reconnaître à certains signes ; dès lors tous les bras lui étaient ouverts : on l'hébergeait, les frères lui procuraient du travail, au risque de diminuer la quantité d'ouvrage qu'ils auraient eux-mêmes, et de rendre ainsi leurs journées moins longues et moins lucratives.

Le compagnonnage n'était pas seulement une association de secours mutuels, les membres ne se bornaient pas à soulager les frères dans la détresse ; leur ligue, organisée fortement, et qui couvrait toute la France, veillait sans cesse aux progrès de l'industrie, aux intérêts de la communauté. Les communications étaient fréquentes ; on indiquait aux artisans les provinces où ils trouveraient un travail plus abondant, plus avantageux, où ils pourraient apprendre les procédés les meilleurs ; de la sorte, quand il y avait quelque part un ouvrage considérable à entreprendre, les ouvriers accouraient en foule, mais aussi tous se retiraient, à certains moments et sur un mot d'ordre, des villes où les salaires étaient réputés trop faibles, les maîtres trop exigeants. Ces cités étaient frappées d'une sorte d'interdit ; on voit que les grèves ne sont pas une création moderne : il n'y a rien de nouveau sous le soleil.

Palissy séjourna quelque temps à Tarbes ; les sites grandioses de ce beau pays le frappèrent vivement et peut-être lui inspirèrent le goût ardent qu'il conserva toute sa vie pour la géologie et les sciences natu-

relles. Ses yeux, qui jusque-là n'avaient contemplé
que les plaines de la Saintonge, ne pouvaient se rassasier de la vue de cette nature imposante. De la ville
où l'attachaient les exigences de son travail, il fit des
courses fréquentes dans les Pyrénées, s'enfonça dans
leurs gorges profondes, mesura du regard leurs cimes
ardues. En même temps que son imagination s'épre-
nait de ces splendeurs sauvages, son esprit investiga-
teur y cherchait l'ordre divin du plan de la création.
Il admirait comment les rochers, ces os de notre
globe, non moins nécessaires à sa structure que la
charpente au corps de l'homme, portent jusqu'au
ciel les sommets des montagnes; il suivait, le long
des ravins, le cours capricieux des torrents, et dès
lors entrevoyait les lois de la circulation des eaux sur
la terre.

L'année suivante, ayant un peu regarni sa bourse,
il reprit le bâton du voyageur, visita Narbonne, Nîmes,
Avignon, puis l'Auvergne et la Bourgogne. Chemin
faisant, il examinait les carrières et les mines, les
grottes et les cavernes, observait les méthodes agri-
coles et industrielles, enfin notait au passage, avec
un malicieux sourire, les travers des hommes. Tel
médecin prétend reconnaître à première vue le mal
dont souffre son client, et les bonnes gens qui l'entourent de s'extasier sur sa science. Quoi! il n'est
besoin de lui donner aucun détail, il devine tout
comme par miracle! Et l'on ne songe pas qu'avant
d'être introduit dans le cabinet de consultations, le
patient a longtemps attendu dans la chambre voisine,

où la femme du docteur l'a interrogé sur les symptômes du mal. Pendant qu'il répond aux questions de la dame, le médecin, caché près de là, écoute tout, puis, muni de ces renseignements, il sort par une porte de derrière et rentre comme s'il arrivait d'une course au dehors. Il donne alors audience au naïf villageois. « De la sorte, ajoute Palissy, le bruit de ce médecin augmentait chaque jour. »

Ailleurs, un autre Esculape, moins scrupuleux encore, imagine un moyen expéditif de remédier au chômage de la clientèle. Les habitants de sa petite ville ont une santé de fer, une santé à désespérer la Faculté ; l'air pur, la frugalité, le travail, la simplicité des goûts remplacent avantageusement pour eux les drogues des pharmaciens. Quel parti prendre ? Abandonner une cité aussi rebelle à la médecine ? Notre homme y songe un instant. Mais quoi ! Renoncer à ses habitudes, quitter la maisonnette qu'il a fait construire, c'est un pénible sacrifice. Dans cet embarras, une inspiration lui vient. Il rassemble toutes les herbes, tous les remèdes que les ingrats habitants ne veulent pas prendre, et, profitant des ombres du soir, il les jette dans les puits. Le lendemain, grand émoi parmi la population ; une épidémie s'est déclarée, il n'est pas de logis qui n'ait été visité par le fléau. Le docteur se frotte les mains ; le marteau de sa porte, naguère silencieux, retentit maintenant sans cesse. Mais il faut guérir cette foule de malades ; le savant use d'un moyen bien simple : sous forme de potion, il administre à ses clients du vin qu'il leur fait

payer bien cher. La fortifiante liqueur répare les dé-
gâts causés par l'eau, et le médecin s'enrichit.

Des fraudes d'un genre différent excitent aussi la
verve de notre compagnon verrier. Avec quelle gaîté
mordante il nous parle de cet « épicier, grand mix-
tionneur, qui avait acheté trente-cinq sous la livre de
bon poivre, puis la baillait à dix-sept sous et gagnait
encore beaucoup à ce métier. Lors, je lui demandais,
ajoute Palissy, pourquoi il agissait de la sorte et
trompait méchamment. Mais sans aucune honte il
soutenait que sa conduite était sagesse. »

Ce qui lui cause une véritable indignation, c'est
l'indifférence, ou, pour mieux dire, le mépris qui
frappe l'agriculture. Son âme généreuse s'attriste de
voir ainsi dédaigné l'art le plus utile aux hommes :
« Il semble à certains jouvenceaux, s'écrie-t-il, que
s'ils avaient manié un outil de labourage, ils en seraient déshonorés. Les armuriers changent souvent
les façons des hallebardes, des épées et autres har-
nais, mais l'ignorance de l'agriculture est si grande
qu'elle demeure toujours à son ancienne mode. Il n'y
a pas longtemps que j'étais au pays de Béarn et de
Bigorre; mais, en passant par les champs, je ne pouvais regarder les laboureurs sans me colérer en moi-
même, voyant la lourdeté de leurs outils. Et pourquoi
est-ce qu'il ne se trouve quelque enfant de bonne
maison qui s'étudie aussi bien à inventer des ferre-
ments utiles pour le labourage, comme ils savent
étudier à se faire découper du drap en diverses sortes
étranges? »

Les siècles se succèdent, les erreurs et les folies humaines ne changent guère. Cette frivolité d'esprit, cette légèreté déplorable qui pousse à délaisser l'agriculture pour courir après le bruit et l'éclat, Palissy ne la retrouverait-il point parmi nous? Ne croirait-on pas qu'il décrit les mœurs actuelles de nos campagnes, quand il s'élève contre « ces fols laboureurs, que soudain qu'ils ont un peu de bien, qu'ils ont amassé avec grand labeur en leur jeunesse, ils ont après honte de faire leurs enfants de leur état; ainsi les font du premier jour plus grands qu'eux-mêmes, et ce que le pauvre homme a gagné, il en dépense une grande partie à faire son fils Monsieur, lequel Monsieur aura enfin honte de se trouver en la compagnie de son père, et sera déplaisant qu'on dira qu'il est le fils d'un laboureur. Et voilà qui cause que la terre est le plus souvent mal cultivée, parce que le malheur est tel, qu'un chacun la fait travailler par les plus ignorants. »

Ces conseils sont sages, bien d'autres depuis les ont répétés. Cependant la population se presse avec plus d'impatience que jamais dans nos grandes villes; elle encombre le commerce, l'industrie, les carrières libérales, et, comme il n'y a pas assez de place au soleil pour tant d'ambitions, assez de travail pour tant de bras, un grand nombre d'hommes qui eussent pu rendre ailleurs leur existence utile, se consument en efforts impuissants et languissent dans la misère. Si, affligés de ce spectacle, nous tournons nos regards vers les campagnes, nous les voyons souffrir d'un mal opposé. Ce sol de la France, riche entre tous, ne donne souvent que de maigres récoltes, faute d'un travail éclairé qui le féconde. Certes, nous ne songeons pas à nier les bienfaits de l'industrie ; mais elle doit marcher côte à côte avec l'agriculture, et, loin de lui nuire, lui prêter son concours.

C'est ainsi que, tout en explorant, simple ouvrier nomade, la Bourgogne, l'Orléanais, la Bretagne, l'Anjou, le Poitou, Bernard Palissy suppléait à l'insuffisance de son éducation première, recueillait une riche moisson d'idées et de faits, développait les rares qualités de son intelligence. En même temps, il formait son génie artistique par la vue des œuvres écloses au souffle de la Renaissance, et dont plus d'une province s'était déjà enrichie. Il avait maintenant en main les matériaux qui font une existence grande et utile, nous allons voir comment il sut les mettre en œuvre.

CHAPITRE II

Les voyages de Palissy étaient terminés en 1539. Malgré le charme de cette vie errante, qui était pour lui un perpétuel enseignement, il commençait à se lasser de n'avoir point de foyer, de ne trouver jamais, à la fin de sa journée de marche ou de travail, un visage aimé dont le sourire repose de la fatigue. Ses excursions, loin de lui être onéreuses, avaient rempli son escarcelle ; il avait eu partout de l'ouvrage dans les villes, et sur sa route, mainte abbaye, maint château lui avaient fourni l'occasion de déployer son talent de peintre verrier. Revenu à Saintes, il s'établit à son compte et vit bientôt prospérer ses affaires. L'avenir s'ouvrait paisible devant ses regards, il avait trente ans, il songea que c'était l'âge de prendre femme. Une jeune fille pauvre comme lui, et comme lui habituée au travail, car elle avait pour père un simple artisan, attira son attention par ses qualités de ménagère, par ses habitudes d'ordre et d'économie ; il l'épousa sans se demander si celle qui allait être sa compagne aurait dans l'esprit assez d'élévation pour le comprendre, dans le cœur assez de générosité pour le soutenir quand viendraient les mauvais jours dont nulle destinée humaine ne saurait être exempte. Ce fut une faute. Sans l'accord des sentiments, il n'est point d'union heureuse : Palissy devait en faire l'expérience.

Les premières années, tout alla bien. La peinture sur verre, il est vrai, tombait de plus en plus en discrédit, mais l'ingénieux maître Bernard avait ajouté à son état de vitrier l'arpentage et la *pourtraiture*, mot qui alors signifiait également l'art de représenter les personnes, et celui de tracer le plan d'une propriété, d'un terrain. C'était cette dernière profession que Palissy pratiquait. « On pensait en notre pays, dit-il, que je fusse plus savant en la *peinture* que je n'étais, qui causait que j'étais souvent appelé pour faire des figures dans les procès. »

Ces fonctions lui rapportaient beaucoup. Avec l'abondance, étaient entrées dans le jeune ménage la paix et la joie. Une maisonnette commode, située, non pas au cœur de la ville, mais près de la campagne, dans un faubourg appelé depuis les *Roches*, lui servait de demeure. Là, Bernard pouvait, selon ses goûts, se rassasier de la vue des prairies, regarder paître et « gambader agneaux, brebis, chèvres et chevreaux, » s'amuser à suivre les sauts capricieux « des petits poulains, qui se jouaient près de leurs mères; » ou bien encore, se promenant le long de la Charente, il entendait « murmurer le ruisseau qui passait au pied des arbres, et la voix des oiselets qui étaient sur les aubiers. » Près de sa maison s'étendait un jardin assez vaste qu'il prenait plaisir à cultiver lui-même, tandis que ses enfants, de petits lutins frais et roses, s'ébattaient non loin de là sur le gazon.

Un incident, bien léger en apparence, allait troubler son tranquille bonheur domestique. Une coupe de terre émaillée tomba entre ses mains; elle venait sans doute d'Italie et l'on pense qu'elle fut donnée à Palissy par un seigneur saintongeois, Antoine de Pons. Quoi qu'il en soit, à partir de ce moment, maître Bernard ne connut plus de repos. « Cette coupe, nous apprend-il, était d'une telle beauté, que dès lors j'entrai en dispute avec moi-même. »

On sait que l'émail est une espèce de vernis coloré par des acides métalliques, et rendu opaque par le mélange d'une certaine quantité d'étain. On le fixe sur un corps appelé excipient, qui d'ordinaire est un métal ; on réserve même habituellement le nom d'émaux pour les ouvrages de ce genre. Mais le vernis peut s'appliquer encore sur les vases de terre : il les rend imperméables, leur communique son éclat et des nuances variées[1]. La découverte d'un procédé

---

1. Voir à l'introduction, p. 8, les procédés de fabrication des émaux et vernis.

aussi important était donc toute une révolution dans l'art céramique.

Au seizième siècle on n'avait en France d'autre vaisselle que le métal, le bois ou des poteries grossières, tellement poreuses qu'elles laissaient suinter le liquide à travers leurs parois. Maintes tentatives avaient déjà été faites pour imiter les beaux et coûteux vases de Chine, elles avaient toutes échoué ; aussi grand fut l'émerveillement lorsque des potiers italiens parvinrent à fabriquer de la faïence ; ce n'était pas encore la porcelaine, il s'en fallait même de beaucoup, puisque la composition de la pâte n'y ressemblait nullement, mais c'était la première fois qu'on l'imitait à ce point. Les manufactures de Faenza et de Castel Durante acquirent une réputation européenne ; leurs produits, recherchés comme objets de luxe, s'exportaient à grands frais. Toutefois la découverte ne se répandit pas au-delà du cercle étroit où elle avait pris naissance. Les princes à qui appartenaient les fabriques, gardaient avec un soin jaloux le secret qui enrichissait leurs États ; les peines les plus sévères, la mort même punissaient la moindre indiscrétion. Notre peintre verrier n'avait donc nul espoir d'être initié, même en Italie, au procédé nouveau. Ce voyage d'ailleurs lui était impossible. Chargé de femme et d'enfants, comment aurait-il songé « à planter là son ménage pour aller apprendre ledit art en pays étranger. » Mais ce qu'un autre avait découvert, il pouvait le trouver aussi, et une fois maître de l'émail, il arriverait, — un pressentiment intime lui en donnait la conviction, — à élever la poterie à un degré de perfection inconnu. Quelle gloire pour son nom, quel bienfait pour la France, s'il enrichissait de la sorte une grande industrie! Et maître Bernard considérait de nouveau la coupe, la retournait sous ses doigts, en admirait la brillante surface.

« Oui, dit-il enfin, cela sera, car je le veux! J'ai beaucoup étudié déjà, je travaillerai plus encore, et j'arriverai au but.

Il fallait une trempe d'âme peu commune pour former un pareil projet. Palissy ne connaît aucune des matières dont se composent les émaux, il n'a même jamais vu cuire la terre, et il doit préluder à ses recherches par une série d'efforts qui eussent découragé tout autre que lui. L'étude des différentes sortes d'argiles, l'art du modeleur, du potier, du mouleur, la chimie elle-même lui étaient indispensables : rien ne le rebute ni l'étonne, il poursuit sa pensée avec une persévérance invincible. Marchant au hasard, « comme un homme qui tâte en ténèbres, » il se met à piler toutes les substances qui lui semblent propres à faire l'émail, puis il achète des pots de terre, les brise, numérote les morceaux et applique sur chacun d'eux un mélange différent. Reste maintenant à construire un fourneau : il ne sait comment s'y prennent les gens du métier, mais son génie d'inventeur lui vient en aide, il l'établit à sa guise. Un nouvel obstacle l'arrête bientôt. A quel degré de chaleur se fond l'émail? Il l'ignore absolument. Tantôt il chauffe trop et tantôt trop peu, ses ingrédients brûlent ou ne cuisent pas; quelquefois, dans une même fournée, certaines substances se calcinent, tandis que d'autres restent rebelles à l'action du feu.

Cependant les économies du malheureux artisan diminuent à vue d'œil ; pour se livrer à ses recherches, il a délaissé son travail habituel, il achète chaque jour de nouvelles matières, il construit de nouveaux fourneaux, « avec grands frais et labeurs, dépense d'argent et consommation de temps et de bois. »

La misère était entrée au logis ; la femme de Bernard se plaignait amèrement et cherchait à détourner son mari d'une entreprise qui ne lui rapportait que déceptions. L'aspect autrefois si gai de la maison des Roches avait bien changé : les enfants étaient pauvrement vêtus, et tout dans l'intérieur, les meubles en mauvais état, les dressoirs dégarnis, trahissait une gêne que cherchaient en vain à dissimuler l'ordre et la propreté de la mère de famille. Palissy voyait avec une tristesse profonde le dénûment des siens, mais le succès lui semblait si proche, qu'il ne pouvait renoncer à le poursuivre. Hélas ! c'était un mirage, et, dans cette lutte de l'intelligence contre les obstacles matériels, la mauvaise fortune devait longtemps encore avoir le dessus.

Un jour, las de ses tentatives infructueuses, il s'avise qu'un homme du métier saura mieux que lui conduire la cuisson ; il recouvre de diverses compositions trois à quatre cents fragments de vases et les envoie à une fabrique située à une lieue et demie de sa demeure. Les potiers consentent à les mettre avec leur fournée. Palissy, plein d'impatience, attend le résultat de cette nouvelle épreuve, il est là quand on retire ses échantillons. il les examine d'un œil anxieux ; pas un n'a réussi. La chaleur n'était pas assez forte : il a, cette fois encore, fait inutilement une lourde dépense, mais il ignore la cause véritable de l'échec qu'il vient de subir, et pâle, le front baissé, il dévore son humiliation. Alors un des ouvriers s'approche de lui : « Vous n'arriverez jamais à rien avec toutes vos pâtes, lui dit-il en lui mettant la main sur l'épaule ; suivez le conseil d'un vieux, reprenez votre pourtraiture. »

Palissy secoue la tête sans répondre ; il a encore chez lui quelques objets de mince valeur, souvenirs de jours plus heureux, dont il n'a pas eu le courage de se défaire. Il les vendra, et avec le prix recommencera ses expériences. Malgré les reproches de sa femme, il rachète ingrédients et vases, change la combinaison des matières. Même insuccès. Cependant il ne se tient pas pour battu : quelques amis lui prêtent un peu d'argent, il passe les nuits à étudier les mélanges de différentes substances ; de tant de compositions préparées avec des soins si minutieux, quelques-unes sans doute seront bonnes. Quelles recommandations pressantes n'adresse-t-il pas aux potiers en leur confiant ces échantillons, son unique, son dernier espoir ! Ces hommes haussent les épaules, ils ne croient pas à son génie, ils l'appellent un songe-creux. La cuisson achevée, ils viennent d'un air moqueur apporter à Palissy ses épreuves : les unes sont d'un blanc sale; les autres, vertes ou rouges; plusieurs, noircies par le feu; mais toutes se ressemblent par un point, elles sont uniformément ternes.

C'en est fait, le découragement s'empare de Palissy, il retourne dans sa demeure, plein « de confusion et de tristesse. » Que d'autres cherchent le secret des émaux! il renonce à cette poursuite fatale et se remet à son ancien métier, car il lui faut payer ses dettes, gagner le pain de sa famille.

Le travail cependant est rare, les temps peu favorables. La prodigalité du roi et ses guerres avec Charles-Quint ruinaient le trésor; pour remplir les caisses de l'État, on avait augmenté les impôts. Un édit, rendu en 1541, soumit à la gabelle le Poitou, la Saintonge, la Rochelle et les îles voisines, pays qui jusqu'alors étaient exempts de la taxe du sel. Cette ordonnance provoqua une explosion de murmures, des émeutes éclatèrent. Une troupe de cavalerie fut envoyée contre les mutins, mais elle ne réussit pas à les réduire. Quelques mois plus tard, François Ier luimême, à la tête d'une force imposante, entra dans la Rochelle, foyer de la sédition. Il s'était fait précéder des menaces les plus terribles; par son ordre, les principaux rebelles furent amenés dans la ville, liés sur des chevaux et conduits par les archers. Le lendemain, siégeant avec grande pompe sur un tribunal dressé en plein air, il reçut la soumission des habitants. La révolte était étouffée; le roi n'aimait pas les rigueurs inutiles, toutes les prisons furent ouvertes et une amnistie entière effaça le souvenir des troubles qui avaient ensanglanté la province. Les Rochelais, touchés de cette clémence, témoignèrent leur gratitude avec enthousiasme ; des fêtes splendides furent données à François Ier, qui, deux jours plus tard, en quittant la ville, put dire aux notables : « Je pense avoir gagné vos cœurs, et, foi de gentilhomme, vous avez gagné le mien. »

Le roi avait pardonné, mais à la condition expresse que les provinces taxées acquitteraient fidèlement l'impôt. Ici une difficulté s'élevait. Pour répartir d'une façon équitable la charge de la gabelle, il était nécessaire de déterminer l'étendue et le rapport des marais salants de la côte. On avait essayé d'employer à ce travail un géomètre de Saintes, appelé maître Charles, et réputé fort savant ; après une année d'études, il présenta un dessin si confus, qu'il était impossible d'y rien débrouiller. Dans cet embarras, on se souvint de Palissy ; les commissaires royaux, instruits de son talent pour la *pourtraiture*, lui confièrent la mission de lever les plans dont l'exécution semblait si ardue.

Le pauvre potier, comme on le pense bien, n'eut garde de laisser échapper une aussi bonne occasion de rétablir ses affaires. Sa femme et ses amis étaient au comble de la joie, ils croyaient qu'en s'appliquant ainsi à un travail profitable, Palissy reprendrait goût à sa profession et renoncerait pour jamais à l'espoir insensé de trouver l'émail.

Il part donc, et tour à tour explore les îles, la côte, les pays environnants. Ses dessins, tracés d'une main habile, reproduisent avec une fidélité minutieuse en même temps qu'avec une admirable clarté la configuration des marais salants. Mais là ne s'arrête pas cet esprit actif. Il ne peut contempler le spectacle sublime de la mer sans se sentir profondément ému de la magnificence des œuvres divines; cet artisan « pauvrement instruit aux lettres » trouve, pour exprimer son enthousiasme, des accents pleins de poésie :

« Dieu a constitué les limites de la mer, lesquelles elle ne passera point, selon qu'il est écrit dans les Prophètes. Il semble qu'elle vienne de vingt-quatre heures en vingt-quatre heures, deux fois combattre la terre, pour la perdre et submerger. Elle s'élance, pareille à une grande armée, heurte impétueusement contre les rochers et limites de la terre, menant un bruit furieux, comme si elle voulait tout détruire. »

Mais l'homme sait bien que sa rage impuissante viendra expirer sur la grève; loin de s'effrayer, il apprivoise cette force terrible, il en fait un docile instrument :

« Et parce qu'il y a, reprend Palissy, certains canaux sur les terres circonvoisines, aucuns ont édifié des moulins sur lesdits canaux, et l'on a construit plusieurs portes pour laisser entrer l'eau à la venue de la mer; et quand elle vient, elle trouve la porte fermée, elle l'ouvre et fait moudre le moulin pour sa bienvenue. Et quand elle s'en veut retourner, comme une bonne servante, elle-même ferme la porte du canal, afin de le laisser plein d'eau. »

Passant ensuite à un autre ordre d'idées, le voyageur cherche le rôle que cet immense réservoir est appelé à jouer dans l'économie du globe; tandis qu'il se promène rêveur le long des plages solitaires, il interroge les vagues, le ciel infini, les nuées errantes. Il rapproche ces phénomènes, réfléchit, compare. Ainsi l'observation de la nature l'instruit mieux que n'eussent fait les livres, car, ce qui rend les études fécondes, ce n'est pas de recevoir passivement les paroles du maître, c'est d'appliquer tous les efforts de l'intelligence à saisir la vérité. Or, à une merveilleuse puissance d'attention, à une longue habitude de réfléchir, Palissy joignait des facultés exceptionnelles ; peu satisfait des sentiers battus, il fraya de nouvelles voies.

Le premier, par exemple, il combat l'opinion généralement admise, que toutes les sources proviennent de l'Océan, qui les alimente par des canaux souterrains :

« S'il était ainsi que tu dis, répond-il à un interlocuteur imaginaire, qui soutient la théorie des savants d'alors, il faudrait nécessairement que les eaux des sources fussent salées, comme celles de la mer, et qui plus est, il faudrait que la mer fût plus haute que les plus hautes montagnes, ce qui n'est certes pas. Cependant je te donne pour règle générale et certaine que les eaux ne s'élèvent jamais plus que les sources d'où elles procèdent.

« Item, tout ainsi que les flots qui se sont avancés sur les plages suivent la grande armée de la mer, qui est venue escarmoucher la terre, il faudrait que les

fontaines, fleuves et ruisseaux s'en retournassent avec
elle, et fussent taris lorsqu'elle se retire.

« Je te donnerai encore une autre preuve. La mer
est aussi haute en été qu'en hiver, et, quand je dirais
même davantage, je ne mentirais point, parce que les
marées les plus hautes sont en la pleine lune du mois
de mars, et à celle du mois de juillet, époque où elle
couvre plus de terre sur les côtes de Saintonge, que
non pas en nulle autre saison. Si donc la mer allaitait
de ses mamelles les fontaines de l'univers, elles ne
tariraient jamais en été, auquel temps nous voyons se
dessécher un nombre infini de puits.

— Mais, reprend son adversaire, quelle est donc
ton opinion, d'où les sources peuvent-elles venir, sinon de la mer? »

Palissy a mis à néant le faux système; il expose le
sien avec une ampleur de style, une élévation qui
font de ce morceau une des plus belles pages de notre
littérature :

« Toutes les eaux qui sont, seront ou ont été, sont
créées dès le commencement du monde; et Dieu, ne
voulant rien laisser en oisiveté, leur commande d'aller
et venir. Ce qu'elles font sans cesse, comme j'ai dit
que la mer ne cesse d'aller et venir. Pareillement les
eaux des pluies qui tombent en hiver remontent en
été pour retomber encore en hiver, et la réverbéra-
tion du soleil et la sécheresse des vents, frappant
contre terre, font élever grande quantité d'eau : laquelle étant rassemblée en l'air forme les nuées qui
partent de côté et d'autre comme les hérauts envoyés

de Dieu. Et les vents poussant lesdites vapeurs, les eaux retombent par toutes les parties de la terre, et quand il plaît à Dieu que ces nuées (qui ne sont autre chose qu'un amas d'eau) se viennent à dissoudre, les dites vapeurs sont converties en pluies qui tombent sur la terre. »

Ici, son contradicteur lui oppose que si les eaux de la mer étaient, comme il l'assure, pompées par le soleil, puis dispersées dans l'atmosphère à l'aide des vents, les pluies qui en proviendraient seraient salées. Mais Palissy a maintes fois vu à l'œuvre les sauniers de la Saintonge et cet argument ne le déconcerte pas. Il sait que les eaux de l'Océan sont mises dans de vastes bassins jusqu'à ce que l'action de l'air et de la chaleur ayant fait évaporer la partie liquide, il ne reste plus au fond que le sel. Ainsi l'expérience confirme son système, bien loin de le détruire, et prouve que le soleil, ce chimiste par excellence, sépare infatigablement, dans les flots de la mer, l'eau douce du principe salé.

A qui veut ouvrir les yeux et regarder les merveilles de la nature, les sujets de réflexion ne manquent pas. Un jour, maître Bernard aperçoit une carrière récemment ouverte, il examine les pierres et constate que leur tissu est rempli de coquilles; en quelque endroit qu'on les casse, les incrustations se retrouvent, si nombreuses « qu'on n'eût su mettre le dos d'un couteau entre elles sans les toucher. » Quelle est la raison de ce fait étrange? Palissy la cherche vainement, et dès lors le voilà, « baissant la tête le long de son chemin pour ne rien apercevoir qui puisse l'empêcher » de se livrer à ses pensées. Après bien des tâtonnements, une première explication se présente à son esprit, mais il en est peu satisfait : aussi le verrons-nous, pendant de longues années, mettre à profit toutes les occasions de sonder ce mystère; plus tard, il ne craindra pas de se contredire lui-même, et de revenir de son erreur, car l'amour de la vérité, qui le domine, le met au-dessus de tout amour-propre.

Les plantes et les animaux ne l'intéressent pas moins. Il étudie les mœurs des poissons et des reptiles, et reconnaît dans l'admirable structure de leur corps, dans la sûreté de leur instinct, la même puissance créatrice qui a présidé à la formation des mers; il note, pour les décrire plus tard avec amour, les végétaux que produit le pays, il s'informe des propriétés des diverses plantes et du genre de culture qu'elles exigent; en un mot, sa vaste intelligence s'étend à tout, car du plus humble fait peut jaillir une lumière bienfaisante.

CHAPITRE III

Nouvelles recherches. — Une semaine d'angoisses. — Palissy devient maçon. — Railleries amères de ses voisins. — Enfer domestique. — Maladie. — A cœur vaillant rien d'impossible.

Le cadastre des marais salants avait ramené l'aisance dans la maison de Palissy. Les dettes payées, il restait encore une assez forte somme; de plus, la mission qu'il venait de remplir avec tant de succès lui avait créé des relations dont il eût pu tirer grand profit; mais il ne l'avait acceptée que pour satisfaire au devoir impérieux de nourrir sa famille, il est libre maintenant. Rentré dans sa demeure, il retrouve la coupe, son désespoir et sa joie. Qu'elle est belle! qu'elle est brillante! Combien auprès d'elle semblent viles ces poteries que le couteau entame, qui se brisent au plus léger choc, qui gardent toutes les odeurs! Et son âme d'artiste s'émeut, il se « reprend d'affection à la poursuite des émaux. »

Il lui avait été facile de voir que les faïences italiennes, alors si admirées, étaient simplement une terre cuite ordinaire, recouverte d'un enduit vitrifié au feu et composé de façon à demeurer adhérent à la surface après le refroidissement. Or il avait essayé de toutes sortes de substances : comment aucune n'avait-elle fondu? Palissy songea enfin que la faute en devait être aux fours des potiers ; puisqu'il s'agissait de vitrifier les matières qu'il appliquait sur l'argile, mieux valait s'adresser à une verrerie. Il met en pièces trois douzaines de pots, broie une grande quantité d'ingrédients, les étend à l'aide d'un pinceau sur les tessons, puis il les porte à la manufacture la plus voisine. On a consenti à le laisser surveiller lui-même la cuisson ; il place ses échantillons dans les fourneaux, et, palpitant d'espoir, passe la nuit à diriger le feu. Le lendemain, il les fait retirer. O bonheur ! Une partie des compositions a commencé à fondre ; il n'est pas encore arrivé au but, mais le voilà sur le chemin qui doit y conduire.

La route sera longue et douloureuse. Pendant deux ans d'efforts sans relâche, il poursuit la lueur qui a brillé dans ses ténèbres ; tantôt elle se montre, et tantôt se retire. Palissy se débat en vain, il marche sans avancer ; après mille expériences, il est aussi loin de la découverte de l'émail ; il voit l'objet de ses désirs, il ne peut y atteindre.

Ces essais malheureux ne restent pas stériles ; grâce à eux, Palissy acquiert une foule de connaissances qui autrement lui fussent demeurées étrangères ; de simple ouvrier, il se transforme en savant chimiste.

Lui-même comprend combien les obstacles lui sont d'utiles instituteurs, et il prononce ces paroles que ne sauraient trop méditer ceux qui se laissent aussitôt abattre par l'insuccès : « Les fautes que j'ai faites en mettant mes émaux en dose, m'ont plus appris que les choses qui se sont bien trouvées. »

Son vaillant esprit cependant commençait à perdre courage ; une dernière fois, il se rend à la verrerie ; un homme chargé de plus de trois cents sortes d'échantillons l'accompagne. Maître Bernard suit d'un œil morne les progrès de la cuisson, car il n'y a guère d'apparence que les tentatives tant de fois infructueuses aboutissent enfin. Quatre heures se passent de la sorte. Tout à coup il fait un mouvement de surprise. Ses yeux le trompent-ils ? Non, ce n'est pas une illusion, l'un des fragments mis au four est revêtu d'une brillante glaçure, il est blanc, poli, admirable. Exprimer la joie de Palissy serait chose impossible. « Je pensais, dit-il, être devenu nouvelle créature. »

L'émail était trouvé, la France enrichie d'une précieuse découverte ; quant à obtenir des couleurs différentes, l'inventeur s'en mettait peu en peine, là n'était pas la difficulté. Mais il fallait régler le procédé d'une manière sûre, et puis, l'expérience qui avait réussi sur un fragment de poterie serait-elle aussi heureuse sur un vase entier ? Palissy toutefois n'en doute pas. Il veut, sans plus tarder, entreprendre la fabrication. Pour des pièces grandes et nombreuses, les fourneaux des verriers ne peuvent lui servir, car on ne met à sa disposition qu'un espace restreint. Il ne s'en embarrasse pas ; se rappelant ce qu'il a vu, il saura maintenant s'en construire un. Enivré par la joie du triomphe, il songe même à façonner les vases de sa propre main ; ceux qu'il achète aux potiers, bons pour des essais, ne lui conviennent plus : ils sont lourds et de forme commune ; les pièces que Palissy recouvrira de l'émail si longtemps cherché doivent être de véritables objets artistiques. Il en dessine les contours, puis il les pétrit, les modèle, améliorant sans cesse son œuvre.

Sept ou huit mois se passent ainsi. Enfin, les vases sont achevés, il regarde avec orgueil les formes pures que l'argile a revêtues sous ses doigts, et se sent animé d'une joyeuse ardeur. Cependant ses faibles ressources sont épuisées, comment parviendra-t-il à bâtir son fourneau ? Faute d'argent pour payer un manœuvre, il est obligé de se faire maçon, gâcheur, homme de peine ; il va chercher la brique et la rapporte sur son dos, avec grand labeur. Les gens qu'il rencontre sourient de pitié.

« Voyez donc ce maître Bernard : il a un bon état dont il pourrait vivre à l'aise, et le voilà devenu bête de somme ! »

Palissy est insensible à leurs railleries. Son four avance, bientôt il sera prêt à recevoir les vases. La première cuisson réussit à merveille, mais il reste à recouvrir la poterie d'émail. Le temps presse, encore quelques jours, et ses enfants n'auront plus de pain. Depuis longtemps, il achète à crédit de quoi faire vivre sa famille ; les fournisseurs, las de n'être pas payés, menacent de refuser toute marchandise. Dans cette détresse, à qui s'adresser ? Il regarde autour de lui, et ne voit que des visages hostiles. Ses créanciers le poursuivent, ses voisins le traitent de fou.

« C'est bien fait qu'il meure de faim, disent-ils, puisqu'il s'obstine à n'écouter personne. »

Sa femme même l'accable de reproches. Incapable de comprendre ce qu'il y a d'héroïque dans la persévérance de son mari, elle ne voit qu'une chose, les souffrances de ses enfants ; elle s'en va, racontant à tous les voisins ses griefs et ses douleurs, sans songer qu'elle empire de la sorte la situation de la famille, puisqu'elle ruine le crédit du potier, sa dernière et seule ressource.

Poussé par l'aiguillon de la misère, Palissy redouble d'efforts. Déjà il est épuisé par un travail dont il n'a pas l'habitude ; peu importe, il sacrifiera le repos de ses nuits. Pendant un mois entier d'incessant labeur, il broie et prépare les matières qui lui ont servi à composer son émail blanc, il en recouvre ses vases. Les voisins, qui du soir jusqu'à l'aube voient sa lampe brûler à toute heure, répandent le bruit qu'il cherche à fabriquer de la fausse monnaie : chacun l'évite comme un homme suspect ; il se sait méprisé, honni, et il marche dans les rues en baissant la tête, car il ne peut rien répondre à ceux qui l'accusent, le succès seul est capable de le justifier. La crainte et l'angoisse le dévorent, d'autant plus poignantes qu'il est obligé de les renfermer en lui-même, qu'il n'a pas un cœur ami pour le soutenir dans l'épreuve.

Le moment qui doit décider de sa vie arrive. Il met le feu au fourneau par les deux gueules, ainsi qu'il l'a vu faire aux verriers, puis il dispose ses vases pour la seconde cuite. Pendant six jours et six nuits, il se tient là, jetant sans cesse du bois dans l'ardent brasier. L'émail résiste. Rien ne fond. La chaleur cependant est intolérable, Palissy est inondé de sueur, ses yeux s'injectent de sang, l'air manque à sa poitrine haletante. Mais l'énergie de la volonté surmonte la souffrance physique, il active encore le feu, et attend dans une inexprimable anxiété le résultat de l'épreuve. L'émail ne fond pas ! Alors, malgré son trouble, quoiqu'il fût, comme il le dit avec une touchante simplicité, « tout étourdi du travail, » il réfléchit que sans doute il y a « trop peu de la matière qui doit faire vitrifier les autres. » Il recommence donc à piler et à broyer cette substance, sans toutefois laisser refroidir son four, car il faudrait trop de bois pour le chauffer de nouveau. Mais les vases qu'il a façonnés sont perdus ; il obtient que les potiers des environs lui en donnent quelques-uns : ce ne sont que des pièces de rebut, force est pourtant de s'en contenter. Il les enduit d'émail et les met cuire.

Que va-t-il résulter de cette expérience suprême ? Tout son avenir est là. Ce feu, qu'il entend gronder, dévore-t-il sa vie avec ses espérances, ou bien est-il l'ouvrier puissant et favorable qui achève l'œuvre dans laquelle Palissy a mis son âme entière ? D'un côté, le triomphe, la gloire, la fortune ; de l'autre, la honte et une ruine irréparable, voilà ce que le four récèle dans ses flancs mystérieux.

Trois ou quatre heures encore, l'épreuve sera terminée, mais Palissy s'aperçoit avec terreur que le bois lui manque. Adieu la renommée, adieu la récompense de tant d'années d'angoisses et de travaux ! Éperdu, il court au jardin, arrache étais et palissades, abat les arbres qu'il a plantés lui-même et les jette dans les gueules béantes du fourneau. Cela ne suffit pas encore. L'œil hagard et plein de l'énergie fiévreuse que donne le désespoir, il entre dans sa maison, brise tables, chaises, bahuts ; mais les meubles sont rares et pauvres, l'insatiable brasier consume le tout en un moment. Palissy revient, les chambres sont vides, il n'y a plus rien à prendre ; alors il se met à détacher le bois du plancher. Sa femme, effrayée, demeure silencieuse ; les voisins, accourus au bruit des coups de hache, se regardent avec stupeur : « Cet homme est fou ! répètent-ils, on devrait l'enfermer. »

Mais bientôt la pitié se change en admiration, un cri s'échappe de toutes les bouches. Ces vases que Palissy retire du fourneau, sont-ce bien les mêmes qui lui ont été fournis par les potiers et que chacun a pu voir, ternes et rougeâtres, semblables en un mot à la vaisselle commune de l'époque? Ils ont une blancheur nacrée, un brillant poli les recouvre, et les assistants émerveillés s'empressent autour de l'artiste, que tout à l'heure on traitait avec un mépris si cruel.

Tant d'émotions, jointes à tant de fatigues, avaient

épuisé la constitution robuste de Palissy ; c'est miracle
même qu'il ait pu les supporter. « J'étais, nous dit-il,
tout tari et désséché à cause du labeur et de la chaleur du fourneau ; il y avait plus d'un mois que ma che-
mise n'avait séché sur mon corps, et je pensais entrer
jusqu'à la porte du sépulcre. »

Malgré le succès qu'il vient d'obtenir, notre potier
n'est pas au bout de ses infortunes. Ses vases ont été
vendus, mais ils lui ont rapporté fort peu , car ils
étaient en petit nombre, et de forme défectueuse. On
se rappelle que les pièces façonnées par Palissy n'ayant
pas pris l'émail, il avait dû se procurer à crédit quelques poteries grossières. La faible somme qu'il en a
retirée ne suffit pas , tant s'en faut, à couvrir ses
dépenses, à payer ses dettes, à réparer le désordre
de sa maison. L'impression favorable produite par
la vue de sa faïence s'efface bientôt, il demeure dans
la misère , on recommence à douter de lui.

Heureusement, il a en lui-même la plus efficace des
consolations, la conscience d'avoir atteint le but de
ses efforts. Après avoir pris un peu de repos, il se dit
à lui-même : « Qu'est-ce qui te triste, puisque tu as
trouvé ce que tu cherchais ? Travaille à présent, et
tu rendras honteux tes détracteurs. » Mais, pour entreprendre une nouvelle fournée, il faut de l'argent ;
il en faut pour nourrir sa nombreuse famille pendant
les quatre ou cinq mois qui doivent nécessairement
s'écouler en préparatifs. A force de sollicitations,
il parvient à se procurer une centaine de livres, il
se met à l'œuvre. Ce qui importe le plus, c'est d'ar-

river vite ; une fois que son talent et sa découverte
seront connus, toutes les difficultés s'aplaniront ; les
créanciers qu'il ne pourra encore payer, auront confiance et consentiront à attendre. Il engage un potier, sorte d'homme de peine, qui sous sa direction
fabrique les vases dont il lui a donné le dessin ;
lui, pendant ce temps, façonne des médaillons sur
lesquels il se propose d'essayer diverses couleurs.
Force lui est de loger cet ouvrier dans une auberge et
de le faire nourrir à crédit, car sa femme a refusé de
le recevoir ; ce sont tous les jours disputes nouvelles,
l'intérieur de maître Bernard est devenu un véritable
enfer. « Je n'avais, dit-il, en ma maison que reproches ; au lieu de me consoler, on m'accablait de ma-
lédictions. » Mais l'hôtelier se lasse de ne pas recevoir d'argent, le manœuvre de son côté réclame son
salaire, Palissy ne peut les payer ni l'un ni l'autre.
Dans son dénûment, il leur donne ses habits pour
leur faire prendre patience, ne se réservant à lui-
même que de misérables haillons.

Ces vêtements du reste conviennent à la besogne
qu'il lui faut accomplir. Le four dont il s'est servi
pour la précédente cuite est en mauvais état, il a été
chauffé avec une telle violence pendant six jours et
six nuits que de nombreuses crevasses se sont produites, et qu'il est indispensable d'en construire un
autre. Acheter les matériaux serait une dépense que
ne peut se permettre un homme aussi endetté, Palissy
abattra l'ancien fourneau afin d'en utiliser les débris.
Le feu a fondu les briques et le mortier des parois, il

en a fait une sorte de verre ; en démaçonnant, il se
coupe les mains, mais rien ne l'arrête ; de ses doigts
saignants et enveloppés de bandages, il continue son
travail. La démolition achevée, il va chercher l'eau,
le sable, la chaux, la pierre, et bâtit « sans aucun
repos et sans aucune aide. » Alors se présente le
labeur le plus pénible. Il a emprunté pour broyer ses
émaux un moulin à bras, au moyen duquel il compte
pouvoir en quelques jours pulvériser les substances
qu'il emploie, ce sera une économie de temps considérable ; mais il faut deux hommes vigoureux pour
manier le lourd instrument, et Palissy n'a plus son
manœuvre. Une résolution fiévreuse double ses forces
et le rend capable « de faire des choses qu'il eût esti-
mées impossibles. »

Le persévérant potier va-t-il enfin recevoir le prix
de ses rudes travaux? Le four chauffe à merveille, les
émaux paraissent fondre. Il se retire pour prendre un
peu de repos, et laisse la cuite refroidir jusqu'au lendemain. Ses vases doivent lui rapporter de quatre à
cinq cents livres, c'est de quoi satisfaire aux dettes
les plus criardes ; les créanciers prévenus accourent
dès l'aube pour voir sortir du four les émaux. Palissy
les accueille avec joie, il voudrait réunir autour de lui
toute la ville. Hélas ! mieux vaudrait pourtant qu'il
n'eût pas de témoins ! Les pièces qu'il retire sont
belles et brillantes, mais un accident imprévu les a
endommagées au point de leur enlever toute valeur.
Le mortier qui avait servi à maçonner le fourneau
était rempli de cailloux que l'ardeur des flammes a

fait éclater ; or l'émail, qui alors était en fusion, a retenu ce gravier dans sa pâte gluante ; tous les vases, toutes les médailles sont semés de petits morceaux de pierres qui coupent comme des rasoirs quand on passe la main dessus.

Ce nouvel échec, au moment où il se croyait sûr de la victoire, cause à Palissy une telle douleur, que sa nature énergique « perd toute contenance. » Pourtant les poteries ont une forme si admirable, l'émail est si beau que plusieurs des assistants veulent les acheter, au rabais, bien entendu. A cette proposition, l'artiste, qui était resté plongé dans un morne abattement relève la tête ; un éclair de fierté s'allume dans ses yeux. Vendre à vil prix une œuvre gâtée, c'est se décrier soi-même, rabaisser son honneur. Pour toute réponse, il prend vases et médailles, il les brise contre terre ; puis, défaillant, la mort dans l'âme, il rentre dans sa demeure et se met au lit.

Sa femme cependant le poursuit de ses invectives ; le sentiment si noble auquel il vient d'obéir lui semble un acte de colère insensé ; on aurait pu avoir de la fournée huit livres, et huit livres, à cette époque, c'était du pain pour longtemps. Au lieu de cela, il laisse sa famille dans la misère où il l'a plongée, chacun le montre au doigt, il a partout des dettes, et ses enfants mourront de faim.

Ces dures paroles augmentent jusqu'au désespoir la douleur de Palissy. Brisé de fatigue, dévoré de chagrin, il s'abandonne tout entier au découragement.

Mais bientôt il a honte de cette faiblesse, il réfléchit « qu'un homme qui serait tombé en un fossé, son devoir serait de tâcher de se relever. » Rien n'est perdu en effet quand on ne se trahit pas soi-même; celui qui, à chaque revers, oppose la patience et le courage, finit par triompher de la mauvaise fortune. Palissy n'a plus ni argent ni crédit, ses meilleurs amis ne lui prêteraient pas une pièce de vingt sous, et chez lui règne l'indigence la plus extrême. Il doit renoncer une fois encore à ses chers émaux, à l'art qui l'attire et le fascine; il se livre à l'arpentage ou à la peinture sur verre, selon l'occasion; toutefois, pareil à un général qui, après une défaite, répare ses pertes et rassemble ses forces en silence pour marcher à un nouveau combat, il ne cède un moment que pour recueillir les ressources dont il a besoin. L'ajournement d'ailleurs sera court; instruit par une laborieuse expérience, il se flatte de savoir désormais éviter les écueils.

Un travail opiniâtre de plusieurs mois lui fournit la somme nécessaire à l'exécution de ses desseins. Il cuit une autre fournée, mais une cruelle déception vient encore ruiner ses espérances; les flammes ont chassé contre ses vases une grande quantité de cendres qui se sont incrustées dans l'émail; tous les endroits sur lesquels est tombée cette pluie malencontreuse sont devenus grisâtres et ont perdu leur poli. Deux ou trois pièces ont seules été préservées, elles se vendent avantageusement; avec l'argent qu'il en recueille, notre infatigable inventeur fait fabriquer des *lanternes* de terre cuite, dans lesquelles il enfermera ses vases pour les préserver des injures du feu. L'expédient réussit à souhait, il est usité encore aujourd'hui : seulement les cylindres que Palissy avait appelés des lanternes se nomment *cazettes* ou *manchons* [1].

Quiconque veut créer un art, le faire sortir de son seul génie, armé de toutes pièces, sans être jamais aidé par l'expérience d'autrui, doit s'attendre à rencontrer des obstacles sans cesse renaissants, car il faut que son esprit suffise à une tâche que l'humanité n'accomplit d'ordinaire qu'avec l'aide du temps et le concours de beaucoup d'intelligences. Telle était la situation de Palissy. Il avait trouvé moyen de garantir ses pièces de la cendre, mais bien des difficultés restaient encore à surmonter. « J'étais si nouveau, écrit-il, que je ne pouvais discerner du trop ou du peu ; aucunes fois ma besogne était cuite sur le devant et point cuite derrière ; et quand je voulais obvier à cet inconvénient, je faisais brûler mon vase par derrière, et le devant n'était point cuit; aucunes fois mes émaux étaient mis trop clairs, et autres fois trop épais, ce qui me causait de grandes pertes. Quand j'avais appris à me donner garde contre un danger, il en survenait un autre, lequel je n'eusse jamais pensé. »

L'émail une fois découvert, il eût semblé pourtant, et Palissy l'avait cru lui-même, qu'il était bien facile de régler la méthode de cuisson ; mais il ne suffit pas

---

1. Voir à l'Introduction, p. 11, le procédé de l'*encastage*.

d'inventer un procédé : pour le mener à bien, il est
une foule de choses qu'il faut songer à ne pas faire,
et dont la moindre, si on ne l'évite, gâtera tout le
reste. Gloire donc à ces esprits créateurs qui, prenant
sur eux la peine et le travail, nous ont ouvert la voie
dans laquelle nous marchons si aisément !

Ces accidents multipliés, les efforts qu'il fallait faire
pour y porter remède, les privations, les souffrances
de toutes sortes, ébranlaient la santé de Palissy; il
n'était plus que l'ombre de lui-même, sa maigreur
devenait effrayante : « J'étais, nous dit-il dans son
style naïf, si fort écoulé en ma personne, qu'il n'y
avait aucune forme ou apparence de bosse aux bras
ni aux jambes ; ainsi étaient mes dites jambes toutes
d'une venue, de sorte que les liens de quoi j'attachais
mes bas de chausses étaient, soudain que je chemi-
nais, sur les talons avec mes chausses. » Parfois, il
s'en allait dans la prairie de Saintes, songeant avec
tristesse aux maux qui l'accablaient ; il cherchait à
rafraîchir son âme par la contemplation de la calme
et bienfaisante nature. A son retour au logis, trouvait-
il des curieux venus pour examiner ses travaux, il
refoulait au fond de son cœur ses sombres préoccupations, et s'efforçait de montrer un visage joyeux. Il
riait même, l'infortuné, car il ne devait pas laisser deviner ses angoisses à des gens déjà trop disposés à
prédire sa ruine.

De temps à autre, quelques vases réussissaient ; la
poterie émaillée commençait à faire vivre son inventeur, bien misérablement encore, à la vérité, d'autant

plus que Palissy, épris du beau comme tous les véritables artistes, cherchait « toujours à passer plus
outre, » c'est-à-dire poursuivait sans cesse, avec
peine et dépense, une perfection plus haute. Maintes
fois, il lui fallut reconstruire ses fourneaux pour les
adapter mieux à la cuisson de ses poteries; il était
nécessaire aussi d'avoir un atelier; pendant cinq ou
six ans, il travailla en plein air, et la chaleur, les
vents, la pluie, la gelée, gâtaient une partie de ses
vases avant qu'ils fussent finis; c'était une grande
perte pour le malheureux artisan, mais la pauvreté
l'empêchait de remédier à un aussi fâcheux état de
choses. Exposé lui-même à l'intempérie des saisons,
il demeurait, lorsqu'il surveillait ses fournées, « toutes
les nuits à la merci des pluies et du froid sans avoir
aucun secours, aide ni consolation, sinon des chats-
huants qui chantaient d'un côté et des chiens qui
hurlaient de l'autre..... Parfois, continue-t-il, des
vents et tempêtes se levaient qui soufflaient de telle
sorte le dessus et le dessous de mes fours, que j'étais
contraint de quitter là tout, avec perte de mon labeur;
et je me suis trouvé plusieurs fois qu'ayant tout quitté,
n'ayant rien de sec sur moi, à cause des pluies qui
étaient tombées, je m'en allais coucher à la minuit ou
au point du jour, accoutré de telle sorte, comme un
homme que l'on aurait traîné par tous les bourbiers
de la ville, et en m'en allant ainsi retirer, rempli de
grandes tristesses, j'allais bricolant sans chandelle, et
tombant de côté et d'autre, comme un homme qui
serait ivre de vin; d'autant qu'après avoir longue-

ment travaillé, je voyais mon labeur perdu. Or, en me retirant ainsi souillé et trempé, je trouvais en ma chambre une persécution pire que la première, qui me fait à présent émerveiller que je ne sois consumé de tristesse. »

Enfin Palissy parvint à emprunter un peu de bois de charpente, il recouvrit le tout de lierre, et se procura de la sorte un chétif abri; à mesure que ses ressources augmentaient, il démolissait cette espèce de hangar provisoire pour le construire un peu plus solidement; d'abord il le bâtit en planches, puis en maçonnerie. Les gens qui le voyaient ainsi faire et défaire se moquaient de lui, disant qu'il ne savait ce qu'il voulait, et passait sa vie à recommencer la même besogne. Ils ne se doutaient pas que, pour élever son atelier, Palissy se privait quelquefois de nourriture, aimant mieux supporter la faim que de laisser son œuvre, l'incarnation de sa pensée, sa magnifique poterie, souffrir des injures de l'air.

Après avoir obtenu l'émail blanc, il avait eu l'idée d'allier les couleurs et d'imiter le jaspe, innovation qui avait trouvé grande faveur. Enhardi par le succès, il essaya d'orner ses faïences de compositions dont il empruntait le modèle à la nature. Animaux, coquilles, branches de feuillage, se mêlèrent sous ses doigts dans un désordre pittoresque; ses *bassins rustiques* devinrent de véritables tableaux, de petits poëmes où il réunissait le fruit de ses observations solitaires le long des côtes de l'Océan et dans les plaines de la Saintonge. Voici le lézard, avec sa tête mignonne et mobile, sa belle couleur vert d'émeraude, sa longue queue qui tantôt s'étale, et tantôt se replie nonchalamment; plus loin, des serpents glissent entre des pierres, rampent sur un lit de mousse, ou bien enroulent au soleil leurs interminables anneaux; des écrevisses se cachent à demi au milieu du feuillage, prêtes, à la moindre alarme, à se réfugier sous ce galet de rivière; d'inoffensives grenouilles montrent çà et là leurs gros yeux saillants et leur tête aplatie; tout cela est si vivant, si animé, si bien encadré au milieu des plantes qu'affectionne particulièrement chaque espèce, les couleurs enfin sont si vraies, qu'on dirait voir la nature et qu'involontairement on s'arrête, charmé, devant ces œuvres admirables.

Quel procédé employait donc Palissy pour arriver à une imitation aussi parfaite ? Un moyen bien simple, mais dont nul autre que lui peut-être ne se fût avisé : il les moulait; craignant de ne pas reproduire assez exactement la nature, il se servait de la nature elle-même. Voici comment il s'y prenait : Il collait d'abord sur un plat d'étain, à l'aide de térébenthine de Venise, le lit de feuilles à nervures saillantes, de galets de rivière, de pétrifications, qui forme le fond ordinaire de ces sortes de tableaux; puis il disposait sur ce fond les petites bestioles qui devaient en être le sujet principal. Il fixait ces animaux, reptiles, poissons et insectes, au moyen de fils très-fins qu'il faisait passer de l'autre côté du plat, en pratiquant à ce dernier de petits trous avec une alêne; et enfin, l'ensemble ayant reçu ses perfectionnements par l'exécution d'une foule de détails, variables suivant les circonstances, il coulait sur le tout une couche de plâtre fin, dont l'empreinte devait former le moule. Il dégageait ensuite avec soin les animaux de leur enveloppe de plâtre, et rien n'empêchait qu'il ne les fît servir immédiatement à un nouveau motif.

Les compositions de Bernard Palissy dénotent donc à la fois un artiste fécond et un éminent naturaliste. « Les savants, dit M. Audiat [1], ont noté les espèces suivantes de coquilles, presque toutes fossiles : vénéricardes, limnées, patelles, turritelles, peignes, bucardes, buccins, murex, troques, etc. Les végétaux sont le chêne, le laurier, la vigne, le fraisier, la ronce, le lierre, la pimprenelle, qui croissent dans les champs, les bois, les haies de la Saintonge, l'olivier, le mûrier du Midi ; différentes sortes de fougères, faux-capillaires, langues de cerf ou scolopendres. Parmi les animaux, on trouve la couleuvre commune et la couleuvre à collier, l'anguille, l'orvet, la vipère, la salamandre, puis le rouget, la tanche, l'able, le goujon, la raie, la tortue, l'écrevisse, le homard, les lézards gris ou verts, la grenouille, le hanneton, le papillon, l'hélice des jardins, etc. Tout cela vit, grouille, croît, rampe, végète, court dans les marais, les ruisseaux, les prés de la Saintonge, tout cela appartient aux terrains tertiaires dont est formé le bassin de la Gironde. »

1. *Bernard Palissy, Étude sur sa vie et ses travaux.*

Seize ans s'étaient passés dans ces infatigables essais, seize ans de tortures, de privations, de persévérante volonté; mais enfin l'artiste avait triomphé des obstacles qui s'opposaient à son génie; il avait vaincu la misère, il avait vaincu la souffrance, il avait, pour arriver à son but, amassé un trésor de connaissances de toutes sortes. Quand on considère les inimitables chefs-d'œuvre qui nous sont restés de Bernard Palissy, la beauté du travail excite l'admiration; mais quelle émotion voisine du respect n'éprouve-t-on pas si l'on songe à ce qu'il a fallu de force d'âme, de qualités morales et intellectuelles pour obtenir ces riches émaux!

Maintenant l'humble potier, le chercheur méprisé de tous était devenu l'un des hommes les plus considérés de la ville de Saintes; on se disputait ses vases, ses bassins, ses aiguières; son talent commençait à lui valoir de hautes protections : il semblait que le temps des épreuves fût terminé pour lui et qu'il n'eût plus qu'à jouir en paix du fruit de ses découvertes. De nouveaux orages se formaient cependant à l'horizon; mais, pour bien comprendre les événements qui allaient exercer une puissante influence sur la vie de maître Bernard, il est indispensable d'exposer brièvement l'état des esprits en France à cette époque.

CHAPITRE IV

Le XVIe siècle, avec son souffle puissant, n'avait pas seulement vivifié les sciences et les arts, réchauffé le Nord par les fécondes effluves du Midi, et fait germer partout sur le sol français les riches productions de la Renaissance; une révolution plus profonde encore s'était accomplie dans le monde de la pensée; la découverte d'un continent nouveau ouvrait à l'imagination des horizons immenses, l'imprimerie venait d'élargir le domaine de la pensée en la dotant d'un admirable instrument de propagation; par elle, les trésors de l'intelligence humaine, si longtemps enfouis dans les cloîtres et dans les bibliothèques de quelques rares savants, devenaient accessibles à tous; une sorte de fièvre de l'esprit s'empara de la génération qui était témoin de ces prodiges; la raison enivrée voulut sonder toutes choses, la nature et ses merveilles, la philosophie et ses problèmes; les principes sociaux et politiques furent tour à tour l'objet d'ardentes études, d'investigations passionnées.

Cette soif de critique ne s'arrêta pas même devant la religion. Par malheur, à la suite des siècles, différents abus s'étaient introduits dans le clergé; le christianisme exerçait encore un puissant empire, la foi vivait dans les cœurs, mais il était aisé aux esprits mécontents et hostiles de montrer l'ivraie qui se mêlait au bon grain. Les premiers prédicants n'eurent garde de s'attaquer au dogme, ils évitèrent avec soin de paraître proclamer une doctrine nouvelle; ils ne voulaient, disaient-ils, que la réforme des mœurs et le retour aux saintes traditions de la primitive Eglise. D'éminénts prélats, des membres du clergé avaient déjà exprimé le même vœu ; mais les mesures de ce genre demandent du temps, et chaque jour creusait l'abîme qui commençait à séparer du catholicisme certaines âmes ardentes. Les prédications des novateurs devenaient plus agressives, elles trouvaient dans les passions politiques, dans les griefs et les souffrances des populations, de puissants auxiliaires.

Ce fut ainsi, pour parler seulement de la Saintonge, que l'énormité des impôts, les exactions des officiers chargés de prélever les taxes, préparèrent les habitants à écouter, d'une oreille docile, les réformateurs qui leur promettaient le retour de l'âge d'or. La question n'était alors nullement théologique, et le peuple se réunissait avec sympathie autour des fougueux orateurs qui tonnaient contre le luxe de l'Eglise. Depuis longtemps, les rois avaient usurpé la nomination des charges ecclésiastiques, on les avait vus trop souvent donner à leurs favoris, poètes, artistes, musiciens, hommes de guerre, des abbayes et des prieurés dont ces prélats de nouvelle espèce ne songeaient qu'à tirer le plus de revenus possible, sans s'inquiéter le moins du monde de la détresse de leurs vassaux.

Les prédicants parcouraient les campagnes, et là, au milieu des laboureurs assemblés, ils s'élevaient contre les pasteurs des peuples, devenus, disaient-ils, des loups dévorants; ils prêchaient le refus des dîmes, annonçaient l'établissement d'une société où les chrétiens, unis dans un fraternel amour, ne connaîtraient plus ni pauvres, ni riches, reviendraient à l'évangélique charité des premiers siècles. Le peuple applaudissait : ne plus payer la dîme, c'était un impôt de moins, un allégement aux charges qui pesaient sur lui. La bourgeoisie applaudissait : toujours raisonneuse et prête à fronder le pouvoir, elle trouvait dans ce mouvement religieux une occasion de manifester ses idées d'indépendance. La noblesse enfin, abaissée depuis longtemps par les rois, se disait que le moment était peut-être venu de relever la tête; elle guettait l'agitation croissante, prête au besoin à la fomenter; il faut des chefs à des mécontents : de hardis seigneurs, suivis de bandes fanatiques, pouvaient se rendre redoutables et, comme au temps regretté du régime féodal, dicter aux monarques eux-mêmes leurs conditions.

Mais il était aussi des hommes qui, indifférents à

ces intérêts, à ces luttes, à ces espérances ambitieuses, saluaient dans la Réforme l'aube d'un jour nouveau, plus brillant et plus pur, qui se levait sur le monde. Palissy fut de ceux-là. Son âme ardente, incapable de soupçonner l'alliage qui se mêlait au zèle des partisans du culte nouveau, se laissa prendre à leurs paroles pompeuses. On lui prédisait la fin des maux dont souffre l'humanité, il crut à ces promesses, et ferma les yeux sur les maux réels et présents causés par les discordes religieuses. Triste exemple d'où ressort toutefois un salutaire enseignement : dans nos luttes politiques et sociales, sachons reconnaître que, parmi nos adversaires, peuvent se trouver des âmes honnêtes et droites, égarées par de fatales circonstances; gardons notre haine pour les fausses doctrines, nous ne les combattrons jamais avec assez de force, mais évitons d'envenimer nos querelles par l'acharnement contre les personnes : ce sont les idées qui sont maîtresses du monde, on ne les arrête point par la force : on ne les impose point par la violence ; le seul moyen véritablement efficace de renverser les dangereux systèmes, c'est de répandre la vérité.

Jusqu'en l'année 1546, maître Bernard s'était contenté de donner aux réformateurs une adhésion purement tacite : nulle démarche décisive ne l'avait séparé de la communion catholique; mais un soir que, selon son habitude, il errait le long de la Charente sous les *aubarees* [1], il aperçut dans la campagne une troupe

____

1. Aubier, sorte de viorne.

d'hommes et de femmes qui paraissaient en prières. Poussé par un sentiment de curiosité, il s'approche. Une mélodie grave et religieuse arrive jusqu'à lui : c'est un psaume du Prophète Roi qui célèbre, dans le magnifique langage des Ecritures, les merveilles du Créateur. Une vingtaine de laboureurs sont réunis sous la saulaie ; la voix pure des jeunes filles, mêlée au souffle de la brise, au murmure des eaux, semble, pour l'oreille charmée de Palissy, avoir quelque chose d'angélique. Ce culte rendu sous la voûte du ciel au Dieu de la nature parle puissamment à son imagination de poète, à son âme d'artiste. En ce moment, un homme se lève ; il est pâle, un feu sombre brille dans ses yeux, des vêtements de couleur brune et d'une simplicité austère enveloppent sa haute taille. C'est Philibert Hamelin, le propagateur de la réforme dans la Touraine et la Saintonge. Suspendu à ses lèvres, Palissy se laisse fasciner par l'éloquence de son langage, tout semé d'images bibliques. La prédication terminée, il reste là, silencieux et rêveur.

Le ministre huguenot devine en lui un esprit à demi gagné aux idées nouvelles ; la conversation s'engage et, le soir même, Palissy se rend à la maison de son nouveau maître.

Ce Philibert Hamelin, qui devait jouer un si grand rôle dans la vie de maître Bernard, était un homme à l'esprit ardent, à la parole entraînante, un de ces hommes faits pour exercer autour d'eux, soit en bien, soit en mal, une puissante influence ; il joignait au fanatisme fougueux du sectaire la régularité de mœurs du cénobite. Bientôt une étroite amitié unit Palissy à Philibert Hamelin. L'ascendant du ministre huguenot augmentant chaque jour, notre potier se décida, vers la fin de 1546, à embrasser le culte nouveau.

Une fois engagé dans le parti de la réforme, maître Bernard apporta aux intérêts de la foi qu'il avait adoptée toute la passion, toute l'énergie de son âme. Adieu les études fécondes, adieu l'art et le travail. Hamelin était souvent obligé de quitter Saintes, car son zèle de propagande s'étendait à la province entière, et même aux districts voisins. En son absence, Palissy veillait sur la congrégation naissante ; il réunissait dans sa maison de pauvres artisans comme lui, leur lisait les textes de la Bible et les commentait avec la conviction d'un néophyte, avec l'éloquence naturelle dont témoignent les écrits qu'il nous a laissés.

Les commencements de l'Église réformée furent extrêmement difficiles dans la ville de Saintes. Le peuple, fatigué des horreurs de la guerre civile et de la misère qu'elle traîne après elle, repoussait les novateurs. Ses prédications demeurant stériles, Hamelin résolut de frapper un grand coup. Sans tenir compte du péril auquel il s'expose, il se rend à l'église, et là, au milieu des catholiques confondus de tant d'audace, il prêche le nouveau dogme. Les magistrats avaient jusqu'alors fermé les yeux sur les tentatives du ministre huguenot ; l'indignation des habitants les oblige d'intervenir. Ordre est donné de poursuivre l'audacieux sectaire ; on l'arrête dans le château d'un gentilhomme qui lui avait donné asile, on le ramène à Saintes et on le met en prison.

L'exemple de leur chef enflamme le zèle des néophytes. Le successeur de Philibert Hamelin, Claude de la Boissière, prend l'endroit le plus fréquenté de la ville, les halles, pour théâtre de ses prédications. Bientôt, l'absence de deux des magistrats les plus rigides enhardissant les réformés, ils cèlèbrent leur culte jusque dans les églises. Palissy, enivré du triomphe des siens, se croyait revenu aux premiers âges du christianisme, alors que les fidèles semaient au milieu du monde corrompu les vertus de l'Évangile. « Vous eussiez vu en ces jours-là, s'écrie-t-il en son langage poétique, les compagnons de métier se promener par les prairies et bocages, chantant psaumes et cantiques spirituels, lisant et s'instruisant les uns les autres. »

Tandis que notre potier se plaisait à retracer ces paisibles tableaux, il ne s'apercevait pas que, partout autour de lui, s'allumait le feu de la guerre civile. Le prince de Condé, Louis de Bourbon, s'était déclaré le chef des huguenots ; un grand nombre de seigneurs, avides de jouer un rôle politique, se rangeaient sous sa bannière. Quelques-uns cependant hésitent encore, retenus par le serment de fidélité qu'ils ont prêté au roi ; un synode protestant s'assemble à Saint-Jean d'Angély pour calmer les scrupules de leur conscience. « Lorsque la religion commande, dit-il, tout autre devoir s'efface : il est permis au vassal de tirer l'épée contre son seigneur. »

L'armée protestante se dirige vers Orléans, et ne tarde pas à s'en emparer ; les réformés de la Rochelle, exaltés par les succès de leurs coreligionnaires, s'imposent les plus rudes sacrifices pour soutenir la lutte. Non contents d'envoyer au prince de Condé l'élite de leur population, ils lui fournissent en argent une somme de seize cents livres par mois.

La ville de Saintes devient le théâtre de combats acharnés ; prise et reprise trois fois, elle est saccagée par les huguenots, mais enfin la victoire reste aux catholiques qui, exaspérés par cette lutte sanglante, n'épargnent pas leurs adversaires. On confisque les biens des réformés, on traduit leur personne devant les tribunaux.

Palissy avait été l'un des promoteurs du calvinisme, il devait être enveloppé dans sa défaite. Peut-être, en voyant les ruines qui couvraient le pays, déplorait-il déjà le zèle imprudent qui avait fait de lui l'un des fauteurs de la guerre civile. Mais on se souvint que sa maison avait longtemps servi d'asile au nouveau culte ; la foule, dont les colères sont ardentes comme les sympathies, s'assemblait chaque jour devant la demeure de maître Bernard, en proférant des menaces de mort. Pendant deux mois, l'artiste épouvanté se tint caché dans sa maison. Il avait espéré d'abord que la tourmente passerait sans l'atteindre, car son génie et ses découvertes lui avaient gagné, parmi les catholiques eux-mêmes, de puissants protecteurs. Mais un soir que les cris de la foule retentissaient plus nombreux à ses oreilles, il entendit s'approcher le pas de plusieurs chevaux. Sa femme, qui se tenait aux aguets, accourut toute pâle.

« Les archers ! s'écria-t-elle, voici les archers ! »

Palissy fut conduit à Bordeaux, de nuit et par des chemins détournés, pour le soustraire à toute attaque. En même temps, les hommes d'armes recevaient l'ordre de défendre sa maison contre ceux qui voudraient l'envahir, les protecteurs de maître Bernard ayant obtenu que, si sa liberté ne pouvait être garantie, on respecterait au moins ses œuvres.

Une main puissante allait du reste s'étendre sur lui pour le sauver. Le connétable Anne de Montmorency, apprenant son arrestation, parvint à intéresser la reine mère en sa faveur ; il lui parla de son merveilleux talent, de ses bassins, de ses aiguières, de ses émaux qui rivalisaient avec ceux d'Italie. Passionnée pour le beau comme elle l'était, Catherine de Médicis s'empressa de nommer Palissy « *Inventeur des rustiques figulines* [1] *du roi*, » titre qui l'enlevait à la juridiction du parlement de Bordeaux. Bientôt l'amnistie qui accompagna la paix d'Amboise le délivra de toute crainte, et, guéri désormais du désir de se mêler aux factions politiques, il se consacra entièrement à son art.

1. Poteries.

CHAPITRE V

La protection d'Anne de Montmorency. — La grotte d'Ecouen.
— Songe de bonheur d'un prisonnier. — *Recette véritable*
pour accroître et multiplier les trésors. — Palissy est pré·
senté à la reine.

Grâce à l'assoupissement momentané des discordes
civiles, Palissy put demeurer à Saintes plusieurs années encore, qui furent peut-être les plus heureuses
de sa vie. Sa renommée grandissait chaque jour ; un
cercle d'amis, peu nombreux, mais choisis parmi l'é-
lite des hommes intelligents de la ville, suppléait à
ce qui lui manquait d'affections du côté de la famille,
et l'entourait de cette atmosphère de sympathie dont
toute âme humaine a besoin d'être réchauffée.

Le soir, après de longues heures passées à la recherche de nouveaux perfectionnements, à l'étude
assidue, opiniâtre, des sciences naturelles, il réunissait dans son atelier quelques poètes, l'avocat Pierre
Babaud, maire de la ville, le médecin Nicolas Alain,
l'échevin Pierre Goy, seigneur de la Besne, d'autres

encore, Turmet, Le Comte, Merlat, dont cette amitié a sauvé les noms de l'oubli. Là Palissy épanchait toutes les richesses de son intelligence et de son cœur. Sûr de s'adresser à des esprits capables de le comprendre, il leur exposait les secrets que ses patientes recherches avaient arrachés à la nature ; sa parole attendrie, éloquente, peignait en vives images ces merveilles qui nous entourent et sur lesquelles, aveugles que nous sommes, nous fermons trop souvent les yeux. Maître Bernard, lui, les voyait avec une religieuse gratitude. Pour le pénétrer d'admiration, pour faire naître en lui des pensées profondes, point n'était besoin des grands phénomènes du monde visible. La pierre foulée aux pieds, l'insecte qui rampe, la plante utile ou gracieuse qui borde le chemin, tout lui paraît digne d'une étude sérieuse.

« Je m'arrête souvent, leur disait-il, pour regarder les arbres de nos campagnes. On croirait à les voir qu'ils ont quelque connaissance : car ils sont soigneux de garder leurs fruits, comme la femme son petit enfant. Avez-vous remarqué la vigne et les concombres? Ils se font certaines feuilles, desquelles ils couvrent leurs fruits, de crainte que le chaud ne vienne à les endommager. Ces choses me donnent occasion de tomber sur ma face et d'adorer le Vivant des vivants, qui a fait cela pour le service et l'utilité de l'homme. »

Il répandait à pleines mains devant ses amis une foule d'idées neuves, originales, pratiques. Ainsi, il leur parlait de la marne qui, mélangée avec discernement à certaines terres, les rend productives ; il appelait leur attention sur les engrais et leur apprenait les qualités précieuses du *purin*, c'est-à-dire de l'eau chargée de substances organiques qui se distille des fumiers quand la pluie les a traversés. L'habitant de la campagne le laissait croupir près de sa demeure où il devenait un foyer d'infection ; et longtemps encore, malgré les conseils de maître Bernard, il continua d'en être ainsi. Aujourd'hui, après trois siècles, la science s'est avisée d'en reconnaître les fertilisantes propriétés, et l'emploi commence enfin à s'en répandre.

Ce n'était pas seulement dans l'intimité que brillait ce génie fécond. Le bruit de son talent et de ses découvertes s'étendait au-delà des bornes de sa province ; malgré ses opinions religieuses, il eut pour appuis tout ce que la noblesse catholique comptait de plus illustre. Quel fut le protecteur qui le sauva quand il était dans les prisons de Bordeaux, qui le mit en vogue auprès des grands, qui lui gagna les bonnes grâces de Catherine de Médicis? Le connétable de Montmorency, cet homme austère, rigide à l'excès, dont le nom seul jetait l'effroi parmi les huguenots. Et pourtant Palissy, à force de franchise et de loyauté, sut inspirer à cet inflexible seigneur une sympathie profonde. De nouveaux soulèvements, provoqués par l'impôt de la gabelle, avaient amené le connétable dans la province. Les habitants, las déjà du désordre et des excès qui accompagnent toute révolte, effrayés de l'arrivée du redoutable Anne de Montmorency, se soumirent docilement. Toutefois une

punition exemplaire châtia les chefs de l'insurrection
et les villes qui avaient les premières refusé de payer
la taxe.

A cette époque, Bernard Palissy n'était encore que
l'humble potier, l'infatigable chercheur dont nous
avons esquissé la figure puissante. Echappé à peine
aux étreintes de la misère, il poursuivait, à travers
mille fatigues, la réalisation de son rêve artistique.
Le connétable, se trouvant un jour chez un seigneur
du pays, nommé Antoine de Pons, aperçut une aiguière dont la forme élégante le frappa :

« Voilà une œuvre de maître ! s'écria-t-il. Mais
que vois-je ? Ces feuilles, ces insectes aux tons riches
et chauds, ce n'est point là l'émail italien ; d'où vous
vient donc ce vase, messire ? »

Antoine de Pons, qui depuis longtemps appréciait
le talent de Palissy, saisit cette l'occasion pour parler de lui au connétable. Il peignit avec enthousiasme la persévérance infatigable du grand artiste,
l'élévation de son esprit, son mâle dévouement à la
science.

Le lendemain, Anne de Montmorency se rendait en
personne chez maître Bernard, fort troublé, un peu
inquiet même, de cette visite inattendue. Il examina
les vases de Palissy, ses bassins, ses statuettes, se fit
raconter en détail l'histoire de ses longues luttes,
écouta l'explication des perfectionnements que l'inventeur voulait encore apporter à son œuvre. A mesure que maître Bernard parlait, le visage du connétable perdait sa rigidité austère, l'émotion et la sym-

pathie se lisaient dans ses yeux profonds; le rude homme de guerre faisait place à l'amateur éclairé des arts, à l'admirateur passionné du beau.

Quand il eut considéré les unes après les autres toutes les poteries réunies dans l'atelier, ses regards se portèrent sur les murailles nues, sur la chétive toiture de planches qui abritaient ces chefs-d'œuvre.

« Eh quoi, maître Bernard, c'est ici que vous travaillez! Mais cette masure serait bonne tout au plus à servir de chenil.

— N'en parlez pas si mal, monseigneur, répliqua Palissy en souriant, c'est mon ouvrage. Autrefois il me fallait rester à la belle étoile, exposé à la pluie, au vent, à la neige, qui gâtaient mes poteries. Dès que je l'ai pu, j'ai acheté des briques; puis, comme un manœuvre aurait coûté trop cher, j'ai bâti mon atelier de mes propres mains; il est vrai que je suis un piètre maçon, cela se voit de reste. »

A quelques jours de là, une troupe d'ouvriers apportait près de la demeure de Palissy des pierres, du mortier, du bois de charpente, tout ce qui est nécessaire enfin pour édifier une construction solide. Ils étaient chargés par le connétable de bâtir un atelier spacieux, commode et digne de l'artiste auquel il était destiné. Mais l'habitation de maître Bernard, on se le rappelle, était située à l'extrémité de Saintes, près des remparts; une des tours érigées pour la défense de la ville se dressait fort mal à propos juste à l'emplacement qu'il eût fallu prendre pour donner aux fours des dimensions convenables. Comment faire? On eut recours à Montmorency, qui n'était pas homme à s'effrayer d'un aussi mince obstacle. Le terrain sur lequel s'élevait la tour était nécessaire à Palissy, la ville donnerait la tour. Par l'ordre du connétable, on fit les travaux nécessaires pour approprier à sa nouvelle destination le local qui, jusqu'alors occupé par les gens de guerre, allait devenir le sanctuaire de l'art.

Avant de quitter Saintes, le duc de Montmorency chargea maître Bernard d'importants travaux. Il faisait alors agrandir son château d'Ecouen [1], ou plutôt il transformait ce sombre édifice, hérissé de créneaux, en somptueux palais de la Renaissance. Le connétable s'entoura des plus éminents artistes; Jean Goujon décora la chapelle, Bullant sculpta d'admirables statues : la Foi, l'Espérance et la Charité; Palissy eut à peindre les panneaux, les vitres et différents pavés, entre autres celui de la sacristie, qui représentait des scènes de l'Écriture. Mais le morceau le plus remarquable sorti de ses mains fut la Passion de Notre-Seigneur, peinture d'un émail parfait, dont les seize tableaux, réunis en un seul cadre, étaient empreints d'un profond sentiment religieux, en même temps qu'ils attiraient et charmaient le regard par la pureté des couleurs et l'énergie du dessin.

Les jardins du château d'Écouen durent aussi à maître Bernard une décoration fort en vogue au seizième siècle, une grotte de faïence émaillée. Ces

____

1. A quelques lieues de Paris.

constructions originales s'élevaient d'ordinaire dans l'endroit le mieux situé, d'où la vue embrassait une plus riante perspective ; celle d'Écouen dominait la vaste plaine qui s'étend jusqu'à Luzarches ; on y arrivait par une allée ombreuse, et l'eau de deux sources y faisait entendre son frais murmure.

Aucune description ne nous est restée de la grotte que maître Bernard exécuta pour le connétable de Montmorency. Nous savons seulement qu'elle était « de terre cuite, sculptée, émaillée, et que pareille besogne n'avait oncques été vue. » Mais nous pouvons nous en former une idée d'après un passage dans lequel l'auteur parle avec amour de ce genre de construction. « Elle sera faite, nous dit-il, en façon de rocher bossu et de diverses couleurs ; au bas, il y aura un fossé naturel ou réservoir d'eau, et sur les bosses de mon rocher, le long dudit réservoir, je mettrai plusieurs grenouilles, tortues, écrevisses, et un grand nombre de coquilles de toutes espèces. Aussi il y aura plusieurs branches de corail, duquel les racines seront tout au pied du rocher, afin d'avoir l'apparence d'avoir crû dedans le fossé. En haut, il y aura plusieurs trous et concavités, sur lesquels se trouveront des serpents, aspics et vipères, couchés et entortillés ; sur le reste du rocher seront nombre d'espèces d'herbes et de mousses qui croissent ès rochers et lieux humides, telles que scolopendre, cheveux de Vénus ; il y aura des serpents, langoustes et lézards, qui ramperont le long du rocher, les uns en haut, les autres de travers, faisant plusieurs gestes et plaisants contournements. Et lesdits animaux seront sculptés et émaillés si près de la nature que les autres lézards naturels et serpents les viendront souvent admirer, comme tu vois qu'il y a un chien en mon atelier de l'art de terre, que les autres chiens se sont mis à gronder à l'encontre, pensant qu'il fût naturel. »

Mais ces travaux, si importants qu'ils fussent, n'absorbaient pas l'activité entière de Palissy, ne résumaient pas cette individualité puissante. Depuis fort longtemps déjà, ses amis le pressaient de réunir, pour les présenter au public, les aperçus nouveaux et pleins de profondeur qu'il laissait échapper si souvent devant eux. Ces conseils lui étaient revenus à la mémoire pendant les tristes jours de sa captivité dans les prisons de Bordeaux; pour tromper l'ennui des heures, il peupla sa cellule des souvenirs de ce qu'il avait aimé, de ce qui avait été l'objet de ses méditations, de ses études. Dans des pages pleines de vie et de fraîcheur, il retrace les images qui avaient frappé ses regards au milieu des campagnes de la Saintonge ; peu soucieux de faire un traité méthodique, il s'abandonne au caprice de sa fantaisie, butine sur son chemin tout ce qu'il rencontre d'agréable ou d'utile, expose ses idées fécondes sur les améliorations qu'il souhaite de voir apporter à l'agriculture ; enfin, las des discordes qui l'entourent, des luttes sanglantes dont il a été le témoin, il imagine se reposer dans un jardin délectable que sa riche imagination, toute pénétrée du charme doux et puissant de la nature, revêt des plus suaves couleurs. Jamais nul ne comprit mieux l'attrait des œuvres divines, ne les aima d'un amour plus vrai. Rien de fantastique dans la retraite qu'il rêve : les arbres forment les colonnes de ses pavillons ; les eaux jaillissantes, les fleurs, les arbustes, les animaux en sont la seule magie, et si l'art est admis dans ce sanctuaire, c'est à la condition de reproduire fidèlement la nature rustique ; ses grottes représenteront des rochers, seront couvertes d'insectes et de plantes. « Ceux qui banquèteront au-dessous de mon cabinet de verdure, écrit-il, auront le plaisir du chant des oiseaux, du coassement des grenouilles qui seront au ruisseau, du murmurement de l'eau, de la fraîcheur des arbres qui seront à l'entour, du doux vent qui sera engendré par le mouvement des feuilles de peuplier. »

Un des mérites de Palissy, c'est d'animer tous les sujets qu'il traite, de donner à sa pensée une forme saisissante. Ainsi, parlant des bûcherons qui taillent un arbre brutalement, laissent les branches brisées, fendues, il s'indigne et s'écrie : « Je m'émerveille que le bois ne crie pas d'être ainsi vilainement meurtri. » Il montre le mal irréparable que cause la pluie en se logeant dans les rameaux ainsi endommagés, et en rongeant leur tissu. « Veux-tu une preuve de mon dire? Va donc à un chirurgien et dis-lui : — Maître, il y a eu aujourd'hui deux hommes qui ont eu le bras coupé. A l'un, on l'a coupé d'un glaive tranchant, du beau premier coup tout nettement, parce que le glaive était bien aiguisé. A l'autre, on l'a coupé avec une serpe tout ébréchée, en sorte qu'il a fallu lui donner

plusieurs coups. Les os sont froissés, la chair meur-
trie. Lequel des deux bras est le plus aisé à guérir?
N'est-ce pas celui qui aura été tranché par le glaive
bien-aiguisé? — Il en sera de même de la branche
d'arbre qui sera coupée par science; elle profitera
plus vite que celle brisée par male science et inconsi-
dérément éclatée. »

Un an plus tard, en 1563, Palissy faisait imprimer
à La Rochelle l'ouvrage écrit pendant les loisirs forcés de sa captivité. Deux motifs le poussaient à entreprendre cette publication. D'abord, il voulait témoi-
gner sa reconnaissance aux protecteurs puissants qui
l'avaient arraché à la prison et à la mort; son livre
est dédié à la reine mère, au duc de Montmorency ;
ensuite et surtout, il obéissait au noble désir d'être
utile à ses semblables. « Regardant, dit-il, quel était
le vouloir de Dieu, j'ai résolu de ne point cacher en
terre les talents qu'il lui a plu me distribuer, ainsi
pour les faire profiter, suivant son commandement, je
les ai voulu exhiber à chacun. »

Le livre a pour titre : *Recette véritable par laquelle tous les hommes de la France pourront apprendre à multiplier et à augmenter leurs trésors.* La promesse a certes de quoi tenter le lecteur ; quel est
donc ce secret qui doit conduire à la fortune? Palissy
avait-il découvert des gisements rivaux de ces fa-
meuses mines du Pérou qui éblouissaient alors l'Europe? Mieux que cela; les mines finissent par s'épuiser tôt ou tard, et l'or n'est d'ailleurs que le signe
représentatif de la richesse, il n'est pas la richesse

véritable. Bien à plaindre serait celui qui placerait tout son bonheur dans la possession de ce métal : il ressemblerait au malheureux dont la légende nous raconte l'histoire, et qui un jour vint, tout joyeux, trouver sa femme en lui disant qu'une fée lui avait accordé le don de changer en or tout ce qu'il toucherait. — Dans quelle abondance nous allons nager! s'écriait-il. Plus de travail, plus de misère, nous pourrons contenter tous nos désirs. — Pour commencer, il veut un repas somptueux. Un caillou, qui sous ses doigts s'est métamorphosé en lingot, lui sert à acheter les vins les plus exquis, les mets les plus succulents. Notre homme regarde ce festin et déjà l'eau lui vient à la bouche, il saisit une tranche de pâté, une aile de volaille : mais, déception cruelle! ce qu'il a mis sous sa dent est une matière résistante, sans saveur, un morceau d'or! Il veut porter à ses lèvres une coupe de xérès, le vase et la liqueur se changent également en or. Il finit par mourir de faim et de désespoir au milieu de ce palais d'or, funeste présent qui ne lui a été fait que pour châtier son avarice.

Tels ne sont point les trésors que la *Recette véritable* propose d'acquérir. Pour maître Bernard, — et la sagesse de tous les temps lui a donné raison, — la source des richesses, c'est l'agriculture. « La terre serait bénie, dit-il, si l'homme y travaillait. » Les préceptes pratiques, conquêtes d'une vie d'expérience, qui précèdent le *Jardin délectable,* eussent été en effet pour les laboureurs de son temps une mine précieuse, une source féconde de prospérité. Mais quelle bouche assez éloquente pourra persuader aux hommes de négliger ce qui brille à leurs yeux, pour mettre tous leurs soins à faire fructifier cette chose dédaignée qui s'appelle la terre? Palissy ne réussit pas à inspirer à ses contemporains l'amour profond qu'il éprouvait pour le sol, ce nourricier de l'humanité ; et de nos jours encore, ne voit-on pas les paysans déserter en foule les campagnes, plutôt que de chercher dans une culture intelligente l'aisance et le bien-être dont le mirage les attire vers les villes ?

Après les tableaux charmants de la vie champêtre, viennent nombre de scènes satiriques, où l'auteur déploie la verve mordante, la finesse narquoise de son talent multiple; la *Recette véritable* n'est pas une églogue, un hymne perpétuel à la nature ; maître Bernard y prend corps à corps les travers de son siècle et il en fait bonne et prompte justice ; il passe tour à tour en revue nobles et manants, hommes de guerre et hommes de loi ; il flagelle, partout où il les trouve, les vices, les préjugés, la soif de paraître, la faconde grossière qui s'impose à l'ignorance. Son style, vif et concis, a souvent été comparé à celui de Montaigne. Il en a la liberté d'allures, la souplesse, l'originalité d'expression. « Après avoir lu ses écrits, dit Lamartine, il est impossible de ne pas proclamer ce pauvre ouvrier d'argile un des plus grands écrivains de la langue française. »

Les premières éditions sont ornées d'une vignette assez singulière, surmontée d'une devise que l'on a longtemps, et à tort, attribuée à Palissy. Un génie, dont le bras gauche porte deux ailes, semble vouloir s'élancer vers Dieu, que l'on aperçoit planant au milieu d'un nuage, mais son bras droit, lié à une lourde pierre, le retient captif sur le sol ; c'est en vain qu'il gémit et s'indigne de l'obstacle, il ne peut s'en affranchir. La légende est ainsi conçue :

« Pauvreté empesche les bons esprits de parvenir. »

C'était l'imprimeur, Barthélemy Berton, qui avait adopté cette devise décourageante, et qui la mettait en tête de tous les livres sortis de ses presses. Quant à maître Bernard, jamais il n'eût songé à la prendre, lui dont la pauvreté au contraire avait stimulé la vaillante énergie ; lui qui, à force de vouloir, avait su parvenir de l'humble condition d'artisan à celle de savant et d'artiste en faveur.

Les difficultés obligent l'esprit à faire jaillir tout ce qu'il renferme de ressources ; la fortune amollit le plus souvent, on laisse s'engourdir les facultés dont une nécessité impérieuse n'oblige pas à faire usage. « Êtes-vous riche ? demandait La Place à un jeune homme qui se proposait d'étudier les mathématiques transcendantes. — Oui. — Alors, mes leçons ne vous serviront à rien, vous ne réussirez pas. »

Mais si, malgré son indigence, le potier saintongeois avait réussi à se faire un nom dans sa province, le temps était venu où il allait acquérir sur un plus vaste théâtre une réputation plus illustre. Charles IX avait succédé à son frère François II. Catherine de

Médicis, pour raffermir la fidélité chancelante des provinces et juger par elle-même de l'état des esprits, résolut de parcourir avec le jeune prince les principales villes du royaume. L'intention était louable; mais qu'il est difficile aux grands d'arriver à connaître le fond des choses, entourés comme ils sont de gens qui ne leur en présentent que la surface brillante! Partout, sur les pas du roi, les populations accouraient en foule, protestant de leur attachement inviolable. Catherine et son fils durent croire que devant eux s'ouvrait une ère de pacification, et pourtant ce règne devait être un des plus néfastes de la monarchie.

A la Rochelle surtout, des fêtes magnifiques saluèrent l'arrivée de la cour : arcs de triomphe, théâtres décorés de riches tapisseries, bosquets de fleurs et de verdure, présents offerts par douze jeunes filles « les plus belles qu'on pût voir, » tout fut réuni pour charmer le royal visiteur; jamais prince chéri de son peuple ne reçut d'ovation plus splendide. Mais ce que Charles IX ne voyait pas, c'étaient les fronts sombres et mécontents de certains hommes qui n'avaient garde de se mêler au cortége, car ils avaient l'âme remplie encore du fiel des dernières guerres civiles; ce qu'il n'entendait pas, c'étaient les paroles de menace et de haine, les griefs envenimés des uns, les espoirs ambitieux des autres.

En sa qualité de gouverneur des provinces de l'Ouest, le connétable de Montmorency avait présidé lui-même à l'organisation des réjouissances. Il accompagna le roi à Bordeaux, à la Rochelle et enfin à

Saintes, où la cour se reposa quelques jours. Jusqu'alors maître Bernard, bien qu'il eût reçu, comme nous l'avons dit, le titre d'*Inventeur des rustiques figulines du roi*, n'avait été présenté ni à Charles IX, ni à Catherine de Médicis. Le voyage du jeune prince et de sa mère lui fournit l'occasion de se rapprocher de ses puissants protecteurs. Tous deux devaient au sang florentin qui coulait dans leurs veines une passion profonde pour les arts; les belles faïences émaillées de Palissy excitèrent leur admiration, ils virent que le connétable n'avait pas surfait le mérite du potier, et ils conçurent le projet de l'amener avec eux à Paris, dans ce foyer artistique et intellectuel dont le contact aviverait son génie.

L'offre avait de quoi séduire. Mais il fallait que maître Bernard quittât ses amis, sa ville adoptive, les lieux où il avait souffert, lutté, vaincu, cette campagne si riante et si belle, ces plages de l'Océan qui lui faisaient si puissamment sentir le charme de la nature; ces attaches ont bien de la force à l'âge où était parvenu Palissy. En outre, dans ce Paris, dont le prestige l'attirait, ne serait-il pas perdu au milieu de la foule? Parviendrait-il à se faire distinguer au milieu de tant de talents justement célèbres? A Saintes, sa route était facile, son avenir assuré; devait-il sacrifier cette existence modeste, mais certaine, à des espérances peut-être chimériques?

Pour vaincre son hésitation, la reine fit briller à ses yeux une perspective capable de tenter son génie. Elle bâtissait alors près du Louvre le palais qui, plus tard, demeure de nos rois, devait être détruit dans un jour à jamais lugubre et néfaste ; l'idée lui était venue de réaliser aux Tuileries le *Jardin Délectable* de maître Bernard. La résistance de Palissy était vaincue. Incarner dans une œuvre glorieuse la pensée, le rêve nourris pendant de longs jours, quel artiste peut rejeter loin de lui une pareille espérance ?

CHAPITRE VI

n coche en l'an de grâce 1566. — Arrivée à Paris. — Les enseignes et les crieurs publics. — On veut enlever le roi. — Mort héroïque d'un vieillard. — Un four de potier dans le jardin des Tuileries. — Déconvenue d'un rival. — La Saint-Barthélemy. — Palissy est sauvé par la reine.

On était à la fin d'octobre 1566. Une atmosphère lourde et brumeuse pesait sur la ville de Saintes. Des vapeurs grisâtres s'élevaient de la Charente et cachaient à demi, sous leur voile humide, les arbres dépouillés de feuillage. Midi allait sonner, et cependant nul rayon de soleil n'avait pu percer encore l'épaisse couche de nuages. Les passants, drapés dans leurs manteaux, marchaient vite, car le froid commençait à se faire sentir. Plus d'un néanmoins, en arrivant près du faubourg des Roches, s'arrêtait pour jeter un regard curieux vers une maison située près des remparts et où des malles, des ballots de toute espèce, amoncelés devant la porte, annonçaient un départ prochain.

En ce moment, maître Bernard parut, suivi de sa famille et entouré des amis qui avaient voulu l'accompagner jusqu'au coche. Il jeta un long regard d'adieu sur tous les objets qui s'offraient à sa vue, les tours, les ponts, la rivière sinueuse, les rues étroites et les hautes maisons de la ville. Puis, refoulant en lui-même son émotion, il s'achemina d'un pas rapide vers l'endroit, peu éloigné du reste, où piaffaient déjà les robustes chevaux de la voiture publique qui devait l'entraîner loin de tout ce qu'il avait aimé. La figure de ses fils, Nicolas et Mathurin, était au contraire radieuse ; ils allaient donc voir cette capitale dont le souvenir transportait déjà Montaigne d'enthousiasme, ils allaient voyager dans le coche de terre, invention nouvelle importée d'Italie. Jusqu'alors on n'avait connu que les coches d'eau, mais depuis peu différentes villes, et Saintes en particulier, étaient pourvues de ces voitures, sorte de chariots rembourrés à l'intérieur, munis de siéges, de rideaux et couverts d'une bâche de cuir.

Pendant que le conducteur graissait avec soin les essieux, et que la famille de Palissy s'installait, non sans quelque orgueil, dans le lourd véhicule, un groupe d'oisifs s'était rassemblé sur la place, car le départ du coche était un événement pour la petite ville. Le maître des messageries allait et venait d'un air important, distribuant autour de lui les poignées de mains et les sourires ; le digne homme était vraiment un personnage, et chacun cherchait à gagner ses bonnes grâces. N'était-ce pas à lui qu'on devait de

voyager sans fatigue et sans péril, au lieu de cheminer à pied, exposé aux intempéries et aux attaques
des malfaiteurs? De plus, il se chargeait des commis-
sions de chacun, portait les nouvelles et les lettres,
en un mot servait d'intermédiaire universel.

Mais voici le coche qui s'ébranle; maître Bernard
dit une dernière fois adieu à ses amis, et bientôt les
remparts de la ville disparaissent derrière lui dans la
brume.

Le voyage fut long; douze jours s'écoulèrent avant
qu'on atteignît Orléans, où un nouveau coche se
chargea de conduire à Paris notre potier saintongeois
et sa famille à raison de soixante-quinze sous par tête,
somme considérable pour cette époque; mais on ne
songeait pas à s'en plaindre; pouvait-on payer trop
cher l'avantage d'un transport qui était regardé
comme le *nec plus ultra* du confortable? Qu'eussent
dit les contemporains de maître Bernard si on leur
eût annoncé qu'un jour ce même trajet se ferait en
moins de vingt-quatre heures, qu'au lieu d'être
cahoté dans de rudes voitures, le long de routes
raboteuses, on voyagerait, emporté par un coursier
de feu, sur des bandes de fer polies comme un miroir
et qu'on serait assis d'une façon aussi commode que
si l'on était chez soi, dans un bon fauteuil? L'habitude nous rend insensibles à une foule de bienfaits
que nous devons aux progrès de l'industrie, aux efforts
de ceux qui nous ont précédés; presque chacun des
objets qui nous entourent représente une conquête
de l'intelligence humaine; nous en jouissons sans re-

porter notre pensée vers l'auteur, souvent humble, ignoré, méconnu, de ce bien-être qui a décuplé les joies de notre existence. Mais faut-il s'en étonner si l'on songe à l'indifférence que nous avons le plus souvent pour les bienfaits du souverain Créateur qui nous a donné la vie, notre âme immortelle, le monde pour habitation et la matière que notre industrie transforme en vue de la satisfaction de nos besoins ?

Le froid était devenu fort vif depuis quelques jours ; nos voyageurs avaient beau se serrer les uns contre les autres, s'envelopper de manteaux et de couvertures, ils étaient glacés par la bise qui s'engouffrait sous les rideaux du coche, seul abri qu'ils eussent contre les rigueurs de la saison, car on n'avait pas encore imaginé de mettre des vitres aux voitures publiques. Depuis longtemps le ravissement des fils de Palissy avait fait place à la fatigue, et le spectacle qui s'offrait à leurs yeux n'était pas propre à leur inspirer de riantes pensées. Partout sur leur passage ils trouvaient les traces de l'hostilité profonde qui, malgré les édits de paix, fermentait au cœur des protestants et des catholiques. En maint endroit, les campagnes avaient été laissées en friche. A quoi bon ensemencer une terre qui bientôt sans doute, dans un jour de bataille, allait être foulée sous les pieds des chevaux ? Les paysans, toujours armés, se tenaient prêts à repousser les attaques, les villes étaient fermées et gardées militairement ; la défiance se lisait sur les visages, chacun pressentait que la tempête, un moment calmée, ne tarderait pas à se déchaîner avec une nouvelle violence.

Les tristes réflexions que cet état de choses inspirait à Palissy furent tout à coup interrompues par le cri sonore du voiturier : « Paris, voici Paris ! »

A ce nom magique, tous les occupants du coche écartèrent à l'envi les rideaux, sans plus songer au vent ni à la froidure ; mais une neige fine et serrée cachait l'horizon : à droite, à gauche, en avant, on n'apercevait que les flocons chassés par la bise. Une demi-heure plus tard, le ciel s'éclaircit un peu, et les majestueuses tours de Notre-Dame se dessinèrent sur le fond gris du ciel.

Paris renfermait à cette époque environ douze mille maisons, et se partageait pour ainsi dire en quatre villes distinctes, comprises entre les quatre branches de la croix formée, du nord au sud, par la rue Saint-Martin que prolongeait la rue Saint-Jacques, et de l'ouest à l'est, par la rue Saint-Honoré suivie de la rue Saint-Antoine. Près du Louvre se groupaient les gens de cour ; la Bastille, l'Arsenal, et le Temple, qui servait de magasin à poudre, réunissaient autour de leurs murs la plupart des gens de guerre ; l'Université enfin était le centre de la ville des gens de lettres, et les clercs habitaient de préférence le côté opposé de la rue Saint-Jacques, où s'élevaient les couvents des Cordeliers, des Jacobins, des Chartreux, etc. Quant au commerce, il était disséminé un peu partout, mais les marchands les plus riches se trouvaient dans la Cité.

Ce qui frappa d'abord les regards de nos voyageurs, ce fut la richesse, la magnificence des enseignes.

Chaque boutique semblait vouloir éclipser l'autre, et les images des saints, les emblèmes, les devises étalaient, d'un bout à l'autre des rues tortueuses, leurs couleurs éclatantes et souvent criardes.

« Père, demanda tout à coup à maître Bernard son fils Mathurin, quelle est donc cette croix à double traverse que je vois répétée sur les enseignes d'un si grand nombre de maisons?

— C'est la croix de Lorraine, répondit le potier. Ceux qui la placent ainsi sur leurs portes sont, à n'en pas douter, de dévoués partisans des Guise. »

En ce moment, un coup de vent mêlé de pluie agita les plaques de métal qui se balançaient au-dessus des devantures, car presque toutes les enseignes étaient mobiles, et lorsqu'une rafale venait à les secouer, on eût dit le bruit d'un ouragan déchaîné à travers une forêt.

Ce vacarme fut bientôt couvert par un autre tapage plus assourdissant encore; nos voyageurs étaient entrés dans une rue populeuse où une foule de crieurs publics, fiers de la force de leurs poumons, s'évertuaient à vanter les mérites de leurs marchandises : « Oranges de Provence! oranges d'Italie! oignons de la Ferté? Pain de Louvres! Pain de Gonesse! Petits pâtés de cinq deniers! merveilles frites! dragées dorées! etc., etc. »

Paris cependant était loin d'avoir l'aspect animé qu'il eût présenté aux regards de nos voyageurs quelques années auparavant. Là aussi, dans ce centre brillant de la cour, tout était trouble et inquiétude.

La reine était assaillie de lettres menaçantes; les huguenots, enhardis par le triomphe de la réforme en Allemagne, en Angleterre, en Écosse et jusque dans les Pays-Bas, où les princes d'Orange et de Nassau avaient levé l'étendard de la révolte contre l'Espagne, rêvaient de dominer aussi en France, et d'asseoir la foi nouvelle sur le trône de saint Louis. Le roi était jeune, presque un enfant encore, il n'avait que seize ans; les chefs du parti calviniste formèrent le projet de s'emparer de sa personne; une fois maîtres de lui, peut-être le gagneraient-ils à leur doctrine; dans tous les cas, ils gouverneraient en son nom.

Tels étaient les complots qui se tramaient dans l'ombre, lorsque Palissy et sa famille vinrent fixer leur résidence à Paris. La reine-mère, tout occupée de faire face aux embarras du moment, n'avait guère le loisir de songer à sa grotte rustique ; astucieuse et pleine d'ambition, elle flattait tour à tour les chefs catholiques et les chefs protestants, fomentait même leurs querelles afin de profiter du conflit pour garder entre ses mains le pouvoir. L'heure était donc peu favorable aux arts, et notre potier, au milieu de ces intrigues, regretta peut-être d'avoir quitté son pays natal. Catherine toutefois se souvint de la protection qu'elle lui avait promise, elle lui donna quelques travaux qui l'aidèrent à vivre, mais sans le tirer d'une indigence voisine de la misère.

Une année se passa ainsi. Les huguenots amassaient en secret de l'argent et des armes. Le 28 septembre

1567, Coligny et Condé, leurs principaux chefs, jugèrent que le temps était venu d'agir. La cour, qui se trouvait en ce moment à Meaux, devait le lendemain quitter cette ville pour se rendre à Paris ; quelques milliers de Suisses, à la vérité, formaient l'escorte du jeune roi, mais il serait facile de surprendre pendant la marche ces troupes sans défiance, et d'ailleurs les conjurés auraient l'avantage du nombre. La conspiration semblait avoir toute chance de succès, quand un serviteur fidèle, que le hasard avait mis sur la trace du complot, avertit Charles IX du péril dont il était menacé.

« Tomber entre les mains de ces mécréants, s'écrie le prince, plutôt mille fois périr ! »

Ordre est sur-le-champ donné aux Suisses de se préparer au départ. Le roi de France, obligé de se cacher comme un malfaiteur, profite des ombres de la nuit pour chercher à s'enfuir ; mais les rebelles font bonne garde : la petite armée des Suisses n'a pas encore eu le temps de gagner la campagne, que déjà les cavaliers de Coligny sont à sa poursuite. Par bonheur, le gros des troupes calvinistes n'a pu se réunir ; l'escorte royale résiste bravement et, pendant qu'elle tient tête aux ennemis, Charles IX s'élance, au galop de son plus rapide coursier, sur le chemin de la capitale.

Les conjurés, surpris d'abord, ne tardent pas à se rallier, ils serrent de près les fugitifs. La honte et la colère montent au front du roi, il veut se retourner contre les audacieux agresseurs et leur livrer bataille;

ce n'est pas sans peine que l'on parvient à lui démontrer les conséquences fatales et trop certaines d'une telle tentative. Charles IX arrive le matin à Paris, harassé de fatigue, et le cœur rempli d'une irritation que les événements de cette funeste époque devaient encore accroître.

L'évasion du roi n'a pas déconcerté les projets des rebelles; il s'est réfugié dans Paris, on prendra Paris. Condé avait reçu un renfort de troupes allemandes, il s'empare du cours de la Marne, se rend maître de Saint-Denis et tente de réduire Paris par la disette. Pendant huit jours, la grande ville voit toutes ses issues fermées. Les approvisionnements s'épuisent vite dans une place où il y a quatre cent mille bouches à nourrir; déjà la faim hideuse se dresse devant les Parisiens; ils s'arment en masse pour livrer bataille. Le 10 novembre, le connétable de Montmorency se met à leur tête; une lutte acharnée s'engage dans la plaine de Saint-Denis entre les défenseurs du jeune roi et les protestants, commandés par l'élite de la noblesse française, par ces princes de la maison de Bourbon qu'une déplorable erreur poussait à se liguer contre un souverain de leur propre sang.

La journée s'avance et l'issue du combat reste indécise, les morts jonchent le champ de bataille; enfin, vers le soir, les rebelles commencent à plier, Condé et Coligny battent en retraite, mais, en se retirant, ils portent aux catholiques un coup terrible. Anne de Montmorency, malgré ses quatre-vingts ans, dirigeait les mouvements des troupes royales avec l'ar-

deur de la jeunesse; cette victoire devait être le
dernier service rendu par lui à la cause qu'il avait
toujours si vaillamment défendue. Emporté par sa
bravoure, il ne s'aperçoit pas qu'il a laissé les siens
fort loin en arrière, et qu'il s'est avancé presque seul
au milieu des huguenots. « Rendez-vous! » lui crie-
t-on de toutes parts. Mais le vieillard croirait flétrir ses
cheveux blancs, s'il remettait son épée à des rebelles.
Il jette les yeux autour de lui, ses hommes se sont
élancés à son secours; quelques minutes encore, ils
auront percé la foule d'ennemis qui les sépare de leur
capitaine. En attendant, Montmorency lutte avec un
courage héroïque; les balles sifflent à ses oreilles,
vingt épées sont levées contre sa poitrine, il détourne
les coups et il étend morts à ses pieds les plus
acharnés de ses agresseurs; les autres, saisis de
frayeur et de respect, reculent devant lui; il va être
sauvé, quand un Écossais, Robert Stuart, se glisse
par derrière, et lui décharge à bout portant un coup
de pistolet.

Un flot de catholiques arrive au même instant, le
connétable est reçu dans les bras de ses fidèles serviteurs, mais sa blessure est mortelle; deux jours après
il expire, laissant au roi, qui éprouvait pour lui une
affection presque filiale, un nouveau sujet de ressen-
timent contre les rebelles dont la main vient de le
priver d'un tel appui.

On fit à l'auguste vieillard des funérailles royales;
les Parisiens, qu'il avait délivrés, se joignirent en
foule au cortége. Parmi les catholiques, qui regret-

taient en lui le champion dévoué de l'Église, un huguenot s'était glissé; il avait le front pâle, des larmes mouillaient ses yeux : c'était Palissy, à qui cette mort enlevait son bienfaiteur le plus cher, et qui oubliait les rancunes de son parti pour donner à la mémoire du connétable un pieux et dernier hommage.

La guerre civile se prolongea encore près d'une année, avec les horreurs qui forment son cortége habituel. Maître Bernard, isolé dans cette grande ville de Paris tout enfiévrée de la lutte, demeurait presque sans travaux. Enfin, au mois de mars 1568, les réformés, quoique victorieux dans les provinces méridionales, furent réduits, faute d'argent, à demander la paix.

Cette trêve permettait à Catherine de Médicis de revenir à l'exécution de son projet favori, le palais dont elle avait jeté les fondements près du Louvre. Elle-même en avait corrigé les plans, indiqué les proportions, et, grâce à la pureté de son goût florentin, grâce surtout au génie de Philibert Delorme, l'édifice offrit bientôt aux regards émerveillés des Parisiens sa svelte façade aux saillies pittoresques [1], sur laquelle viennent se jouer la lumière et l'ombre. Un vaste

---

1. De lourds ouvrages défigurèrent depuis l'harmonie élégante de l'édifice que de coupables mains, gagnées peut-être par l'argent étranger, viennent de livrer aux flammes, donnant ainsi à un ennemi victorieux la joie de voir la France déchirée par ses propres enfants. On assure que le palais sera rebâti sur le plan primitif, dès que l'état meilleur de nos finances permettra de faire disparaître les lugubres traces des discordes civiles.

jardin, planté d'ormes et de sycomores, décoré de
nombreuses fontaines dont les eaux jaillissent d'urnes
placées entre les mains de nymphes et de faunes de
marbre, s'étend le long de la Seine devant l'habitation
princière. Ce qui attire surtout l'admiration des visiteurs, c'est un rocher sur lequel, selon le goût qui
commençait à se répandre, courent divers reptiles,
serpents, limaçons, tortues, grenouilles, lézards. Mais
ces animaux ne sont point recouverts du riche émail
aux nuances variées inventé par Bernard Palissy ; il
leur manque cette vérité saisissante de forme, ce
choix heureux des détails qui rend les productions
du maître rivales des œuvres de la nature. Aussi la
reine a-t-elle décidé de jeter bas ce rocher pour
mettre à sa place la grotte décrite dans le *Jardin
Délectable.*

Des ateliers sont construits dans le voisinage du
palais ; fourneaux, argile, substances chimiques de
toutes sortes y sont rassemblés ; un sentiment de
noble orgueil, d'indicible joie remplit l'âme de maître
Bernard ; il se rappelle avec émotion le dénûment de
ce hangar de Saintes où, seul, brisé de fatigue, abattu
par les privations et les souffrances, en butte aux
moqueries des prétendus sages, il poursuivait l'idéal
de son génie. Sa persévérance est couronnée maintenant ; protégé par une reine puissante, il n'a plus
que des amis et des admirateurs. Hélas ! et des en-
vieux aussi ! Parmi ceux qui entourent Catherine de
Médicis, il en est un surtout que la faveur naissante
de Palissy remplit d'une sourde colère, quoique pour-

tant sa valeur personnelle dût le mettre **au-dessus** d'une mesquine rivalité. Illustre et renommé entre tous les artistes de la cour des Valois, comblé d'honneurs et de richesses, Philibert Delorme semble fait pour tendre une main sympathique à maître Bernard, et cependant il use du droit que lui donne son titre d'architecte du Louvre, d'intendant des bâtiments royaux, pour exercer sur le potier de la reine un contrôle tyrannique. Dédain, vexations, tracasseries de toutes sortes, mêlent bien de l'amertume au triomphe de Palissy, mais il se console en contemplant les progrès de son œuvre; déjà un frais ruisseau entoure sa grotte, l'eau jaillit en murmurant des roches moussues, tout un monde aquatique surgit sous sa main; un an lui a suffi pour ce chef-d'œuvre, car il n'est plus aujourd'hui le chercheur éprouvé par mainte déception, il est maître de ses procédés, la matière obéit à ses inspirations, et d'ailleurs il a des aides intelligents, formés à son école : ses deux fils Nicolas et Mathurin travaillent avec lui.

Enfin l'émail, dernier revêtement de l'asile rustique, s'étend depuis le pavé jusqu'aux voûtes, il donne aux herbes leurs teintes verdoyantes, aux animaux leurs nuances variées, il s'épanouit sur les tuniques des figures champêtres qui gardent l'entrée des ponts, car la grotte est dans une espèce d'îlot. Palissy, le cœur ému, examine chaque détail, rêve de nouveaux embellissements; telle plante, tel lézard se fond trop dans la masse des rochers, telle couleur au contraire est trop vive, tire trop le regard; cette bergère surtout, placée près de la porte, ne s'harmonise pas assez avec l'ensemble ; il faut remédier à ces défauts, et ne laisser aux malveillants nul sujet de critique.

Malgré tant de soins, la grotte ne put trouver grâce devant les yeux prévenus de Philibert Delorme. Tandis que la reine, avec sa vivacité florentine, admirait la beauté des émaux, la richesse des tons, le fin modelé des animaux et des plantes, le morose architecte s'efforçait de dissimuler son dépit sous un dédaigneux sourire. A son avis, le marbre, l'or et l'azur eussent bien mieux réjoui le regard que les couleuvres et les grenouilles.

« J'aurais cru, répliqua maître Bernard, les ornements dont vous parlez plus à leur place dans un palais que dans un jardin. Au reste, ajouta-t-il d'un ton où perçait l'ironie, je puis m'être trompé ; ma grotte sans doute est sombre, laide à voir : elle n'a qu'un seul mérite, elle ne manque pas d'eau. »

A cette réponse, Philibert Delorme se mordit les lèvres ; Palissy venait de mettre le doigt sur l'une des blessures saignantes de son amour-propre. Dans une grotte que le célèbre architecte avait bâtie sur les coteaux de Meudon pour le cardinal de Lorraine, des dépenses considérables avaient été faites afin d'amener les eaux dont l'absence attristait ce magnifique séjour ; il y avait bien des revêtements de marbre incrustés d'or, des colonnades gracieuses, il y avait même des arbustes et des fleurs ; mais de fontaines murmurantes, point ; Philibert Delorme pourtant s'était vanté de pouvoir, au moyen de pompes, conduire les eaux à la hauteur qu'il voudrait, prétention dont Palissy se raillait avec malice. « Il y a eu de notre temps, dit-il dans un de ses traités, un architecte français qui se faisait quasi appeler le dieu des maçons et qui, par sa jactance, incita un grand seigneur à vouloir amener l'eau d'une rivière en un haut jardin qu'il avait; la dépense fut grande, combien que la chose ne valût jamais rien. »

Un poète du temps a peint aussi fort agréablement la déconvenue du malheureux architecte :

> « En vain la sonde perce et fore le terrain,
> Elle fouille du sol les profondeurs. En vain.
> L'architecte a beau faire, et dans ses rêveries,
> Il voit bien une source arroser les prairies.
> L'or coule à flots. Mais l'eau ne surgit point, hélas!
> Elle jaillit la nuit; le jour ne paraît pas.
> Le maître rêve aussi qu'enfin l'eau sort et monte.
> Tous deux n'ont, au lieu d'eau, que regrets et que honte. »

Quoi qu'eût dit maître Bernard pour défendre ses bestioles et ses plantes rustiques, il ne pouvait habiter longtemps Paris, être en contact journalier avec une cour élégante, raffinée à l'excès, sans perdre quelque peu ce vif sentiment de la nature qui animait ses premiers ouvrages; l'artiste réfléchit toujours le milieu où il se trouve placé; insensiblement herbes marines, coquillages, poissons et salamandres, se rencontrèrent moins souvent sur les bassins montés par Palissy : il introduisit la figure humaine dans ses compositions, reproduisit des sujets mythologiques. Le célèbre plat des *Éléments* appartient à ce genre nouveau, dans

lequel maître Bernard se montra moins créateur que
dans le premier, mais où néanmoins il déploya les
qualités éminentes qui caractérisent ses travaux an-
térieurs, vigueur de conception, exactitude de dessin,
richesse de détails. On peut citer encore, entre vingt
autres pièces demeurées célèbres, un petit médail-
lon, chef-d'œuvre de perspective et de couleur, qui
représente Vénus et Adonis ; on croit voir s'agiter le
feuillage, la mer se soulève, les montagnes se perdent
dans la brume.

Des fêtes se préparaient à la cour ; le chef des réformés, Henri de Navarre, épousait, le 18 août 1572,
la sœur de Charles IX, Marguerite de Valois. Ce
mariage semblait clore l'ère sanglante des luttes
religieuses ; protestants et catholiques n'allaient plus
former qu'une seule famille ; aussi des bals somptueux, des banquets splendides devaient avoir lieu
en l'honneur de cet heureux événement. Palissy eut
à fournir des coupes, des corbeilles, des bassins ;
peut-être fut-ce à cette occasion qu'il exécuta ses
œuvres les plus riches. La pacification apparente des
deux partis le remplissait de joie, car s'il appar-
tenait au culte nouveau, il comptait chez les catholiques ses plus hauts protecteurs, ses plus chers amis.
Chaque discorde civile déchirait véritablement son
cœur, le mettait en lutte avec lui-même, et il fermait
les yeux pour ne pas voir les présages sinistres qui,
malgré l'aspect joyeux et animé de la ville, attristaient
les esprits clairvoyants.

Ces noces royales, on le sait, devaient avoir un lendemain funèbre. L'ambition des Guise, les cabales politiques des chefs protestants, les coupables menées de Catherine de Médicis préparaient une des journées les plus lugubres dont notre pays ait gardé le souvenir. Les évènements de cette déplorable époque sont trop connus pour que nous ayons à les rappeler ici ; fidèle à notre modeste rôle de biographe, nous nous bornerons à raconter les incidents qui se rattachent à l'histoire de maître Bernard.

Occupé d'un travail important, il avait, le samedi 23 août, prolongé la veillée fort tard, quand un officier de la reine se présenta tout à coup devant lui, porteur d'une lettre de Catherine, qui enjoignait à l'artiste de quitter la ville sans délai.

Palissy, étonné d'un ordre aussi imprévu, en demandait la cause ; l'officier lui répondit d'un ton bref que la volonté de la reine n'admettait ni objection ni retard. « Beaucoup voudraient recevoir un avertissement semblable, » ajouta-t-il entre ses dents.

La famille de maître Bernard fut bientôt éveillée ; on recueillit à la hâte les objets les plus précieux : chers souvenirs, dessins, objets d'art, linge, papiers, tout fut entassé pêle-mêle ; les femmes, les yeux remplis de larmes, dirent adieu à ce logis où la fortune avait paru leur sourire, et qu'elles abandonnaient peut-être pour toujours, sans savoir où elles allaient reposer leur tête.

Conduits par l'envoyé de Catherine, les fugitifs arrivèrent sans malencontre à la porte Saint-Honoré ; devant eux s'étendait le paisible faubourg, aux rares maisons plongées dans le sommeil. Ils étaient maintenant hors de la ville, l'officier avait rempli sa mission.

Au même instant, une heure sonnait à l'église Saint-Germain l'Auxerrois ; le funeste jour de la Saint-Barthélemy avait commencé. Un monarque en délire, des bandes de forcenés, couvrant du manteau de la religion leur fureur sanguinaire, allaient infliger à la cause qu'ils prétendaient servir le plus cruel de tous les outrages : la vérité n'a pas de pire ennemi que le fanatisme qui, faisant rejaillir sur elle ses hontes et ses crimes, l'oblige à baisser son front divin et à rougir devant le mensonge.

De quel côté cependant Palissy se dirigera-t-il ? Son départ a été si brusque, si imprévu, qu'il n'a pu rien décider. Dans cet embarras, il se souvient que, parmi ses protecteurs de Saintes, se trouvait le duc de Montpensier, dont la fille, Louise de Bourbon, a épousé un huguenot, Robert de la Mark, duc de Bouillon, souverain de Sedan. Derrière les murailles étroites, mais hautes et solides, de sa ville capitale, ce prince offre un asile aux protestants. C'est là que Palissy et sa famille prennent le parti de se rendre.

CHAPITRE VII

La famille fugitive ne comptait pas séjourner long-temps dans les Ardennes et l'hiver qu'elle fut obligée d'y passer lui sembla interminable. N'ayant plus à craindre pour sa vie ni pour celle des siens, notre potier aurait voulu reprendre ses travaux; mais il n'avait ni fours, ni ateliers, ni commandes. Il ne fallait cependant pas songer à regagner Paris, car la guerre civile avait recommencé avec fureur; maître Bernard employa le temps de son exil à des études scientifiques; il visita les Ardennes, fit plusieurs excursions en Allemagne, en Flandre et dans les provinces rhénanes, compléta par ces voyages les observations qu'il avait déjà recueillies à d'autres époques dans l'ouest et le midi de la France. Son esprit, fatigué du triste spectacle que lui donnaient les hommes,

puisait dans la contemplation de la nature le calme et
la force. A cette grande école, il apprenait chaque
jour des choses nouvelles, des horizons plus vastes
s'ouvraient devant lui ; reportant alors ses regards sur
ses contemporains, il se disait que l'ignorance enfante
le vice et la misère, que si le peuple devient souvent
haineux et cruel, c'est parce que le défaut de lumières
en fait le jouet de ses propres passions et de celles
des autres : mieux instruit, il serait meilleur.

Le traité conclu au mois d'août de l'année suivante
rendit enfin au pays un peu de calme ; c'était seulement une trêve, protestants et catholiques le sentaient
bien ; mais, après tant de luttes, chacun éprouvait une
lassitude si grande que la paix fut accueillie avec des
transports de joie. Maître Bernard en profita pour reprendre le chemin de Paris.

On pouvait croire qu'après avoir retrempé son génie par des excursions dans de belles et pittoresques
contrées, Palissy trouverait pour son art des voies
nouvelles, ou du moins renoncerait au système d'imitation auquel il avait trop sacrifié déjà son originalité
propre. Il n'en fut rien. C'était avec l'œil du naturaliste qu'il avait examiné la campagne ; à partir de
cette époque, le savant l'emporta en lui sur l'artiste.
Revenu dans ses ateliers, il reprit avec ardeur ses travaux, il eut souvent encore d'heureuses inspirations,
nombre de pièces admirées à juste titre sortirent de
ses mains, mais il emprunta exclusivement ses sujets
aux maîtres italiens ou français ; les rustiques figulines,
déjà rares depuis quelques années dans ses œuvres,

disparurent ; plus de poissons aux couleurs nacrées, plus de couleuvre enlaçant de ses anneaux les plantes aquatiques, plus de lézard en sentinelle sur un roc moussu ; les feuillages, qui naguère encore garnissaient le bord des vases, font place à des rinceaux, à des arabesques ; le style de la Renaissance s'impose à Palissy ; plateaux et médaillons représentent des nymphes, des dieux, des allégories, des sujets historiques.

Mais tandis que l'influence du XVIe siècle entravait l'essor de son génie artistique, et, l'éloignant de la simplicité naïve qui lui était particulière, le condamnait à n'être désormais que l'imitateur des grands maîtres, une transformation plus heureuse s'opérait dans son intelligence. Passionné pour les sciences naturelles, il avait, sans se lasser jamais, cherché à résoudre quelques-uns des problèmes que le monde extérieur pose devant l'esprit de l'homme. A toutes les époques de sa vie, alors qu'insouciant ouvrier, il parcourait les campagnes, ou que plus tard, inventeur besogneux, il luttait contre le découragement et la misère, toujours un invincible attrait l'avait poussé à s'enquérir du secret des choses, à interroger la fontaine, à ramasser la pierre, à mesurer la montagne. Les travaux qui, en amenant la découverte de l'émail, rendirent son nom célèbre, témoignent eux-mêmes de cette disposition. Ce qu'il poursuit, ce n'est pas l'harmonie des lignes et des couleurs, c'est un procédé chimique ; il ne médite pas sur les règles éternelles du beau, il combine des substances. Parvenu maintenant à la vieillesse, célèbre et presque riche, il songe à rendre ses recherches profitables à l'humanité. Un jour « considérant la couleur de sa barbe », il se met à penser au peu de jours qui lui restent et il ajoute :

« Cela m'a fait admirer les blés des campagnes et plusieurs espèces de plantes, lesquelles changent leurs couleurs vertes et blanches lorsqu'elles sont prêtes de rendre leurs fruits. Aussi plusieurs arbres se hâtent de fleurir quand ils sentent cesser leur vertu végétative et naturelle. Une telle considération m'a fait souvenir qu'il est écrit : « Que l'on se donne garde d'a-
« buser des dons de Dieu ; le fol celant sa folie vaut
« mieux que le sage celant son savoir. »

Ces lumières qu'il voulait répandre autour de lui, Palissy ne les avait pas puisées dans les livres des hommes, mais dans le grand livre de Dieu ; il avait observé les phénomènes, étudié les faits, devenant ainsi l'un des précurseurs de la méthode expérimentale qui allait renouveler le monde scientifique. Riche de connaissances et d'idées, il résolut de faire la démonstration publique de ses théories. Longtemps la crainte l'avait retenu. Lui, simple potier de terre, qui n'avait jamais appris ni grec ni latin, il oserait dans Paris même, dans ce centre littéraire et intellectuel, donner des leçons aux hommes les plus savants de son siècle ! Certes, l'audace était grande ; mais la pensée d'avoir à dire des choses neuves et utiles le soutint. « Une découverte venant d'un ignorant n'a pas moins de vertu, dit-il avec l'ingénieuse simplicité qui le caractérise, que si elle était tirée d'un homme plus éloquent, et j'aime mieux après tout dire la vérité en mon rustique langage que mensonge en un langage rhétorique. »

Ce fut pendant le carême de 1575 qu'il ouvrit ses cours, véritables conférences publiques dans lesquelles il exposait modestement le résultat de ses travaux, provoquait les critiques et les objections, car il avait à cœur, non sa propre gloire, mais l'intérêt de la science.

Trois séances devaient lui suffire pour soumettre à ses auditeurs ses observations au sujet « des fontaines, métaux et autres natures. » Le cadre était vaste, la parole du maître, captivante en sa simplicité ; les trois séances furent suivies d'une foule d'autres.

« Le nombre prodigieux d'idées qu'il avait remuées, la nouveauté des aperçus, l'importance des points touchés, cette fermeté de raison qui s'en rapportait pour les faits naturels à l'expérience, et à l'expérience seule, cette parole nette et imagée si poétique par moments, durent, dit M. Audiat, faire une vive impression sur les auditeurs. Tout cela retint ceux que la curiosité avait pu amener : on ne tarda pas à voir dans le professeur, non un simple potier qui pérorait, mais un profond philosophe qui savait beaucoup, et pouvait beaucoup apprendre. »

Fidèle à son esprit pratique, Palissy ne se contentait pas de développer la théorie de ses découvertes ; pour rendre ses démonstrations plus claires, et faire en quelque sorte participer le public à ses expériences personnelles, il avait rassemblé tous les échan-

tillons minéralogiques, cristaux, pétrifications, fragments de roches, qu'il s'était procurés dans ses voyages. Ce cabinet d'histoire naturelle, le premier qui
eût été formé à Paris, était disposé, non d'après une
méthode générale, systématique, mais dans l'ordre
des démonstrations qui faisaient l'objet de ses conférences. Chacun pouvait y entrer, comparer avec la
réalité les paroles qu'il avait entendues; les yeux venaient en aide à la mémoire.

D'autres, plus favorisés encore, accompagnaient le
potier naturaliste dans ses explorations. Plusieurs savants, de simples amateurs, après avoir assisté à ses
conférences, éprouvèrent le désir de s'adjoindre à ses
études. Ils s'enfonçaient avec lui dans les grottes et
les cavernes, visitaient les carrières à plâtre de
Montmartre, les fabriques de tuiles de Chantilly, de
Chaillot.

Mais la parole, même la plus éloquente, est un
souffle que le vent emporte. Malgré leur immense et
légitime succès, les cours de maître Bernard ne nous
auraient laissé qu'un vague souvenir, si l'auteur n'en
avait résumé les données principales dans un ouvrage
qui est devenu son plus beau titre de gloire aux
yeux des hommes de science. Ce livre, publié en 1580,
ne renferme pas seulement, comme la *Recette véritable*, des idées ingénieuses, des hypothèses, d'excel-
lents préceptes; c'est une réunion de traités dans
lesquels Palissy, fort de quarante années de travail et
de réflexions, étudie à fond les problèmes, émet des
vues larges et hardies sur les points les plus impor-

tants des hautes sciences, arrive enfin, par l'intuition du génie, à découvrir des lois qui eussent fait faire à la physique un pas immense, si les savants d'alors avaient consenti à se laisser instruire par l'humble potier.

Qu'on lise avec attention les *Discours admirables de la nature des eaux et fontaines, des métaux, des sels et salines, des terres, des pierres, du feu et des émaux*, car tous ces sujets furent tour à tour traités par le maître, et l'on ne pourra se défendre de regretter que son nom n'ait pas eu plus d'autorité, sa voix plus de retentissement. On venait l'entendre, on se sentait fasciné, séduit; mais dès qu'on n'était plus sous le charme de sa parole, on doutait de son savoir. N'avouait-il pas lui-même qu'il n'avait jamais lu les philosophes anciens, qu'il ne connaissait pas leurs théories et n'avait eu d'autre guide que l'expérience? Ce fut ainsi qu'au lieu de profiter de ses découvertes, la science resta dans les chemins battus de la routine et de l'erreur.

Le Traité des *Eaux et Fontaines* surtout aurait dû faire sur les hommes éclairés une impression profonde. Après avoir jeté un coup d'œil sur les puits, les mares, les citernes, les rivières, et montré l'influence des eaux sur la santé publique, Palissy aborde les questions de physique générale, prouve que les sources sont produites par l'infiltration des pluies, explique enfin de la manière la plus satisfaisante et la plus claire les fontaines jaillissantes, phénomène qui ne peut avoir lieu qu'à une seule condition, c'est que

les eaux proviennent d'un point plus élevé que celui
où elles apparaissent, car jamais elles ne montent plus
haut que leur source. « C'est ainsi, ajoute un des biographes de Palissy, M. Cap, que ce physicien naturel
saisissait d'un seul regard l'ensemble du phénomène
de la circulation des eaux à la surface comme à l'intérieur du globe, en même temps que le système des
lois auxquelles obéissent les liquides et qui forment
aujourd'hui les bases fondamentales de l'hydrosta-
tique. »

Sans doute quelques erreurs se mêlaient à ces théories lumineuses ; les sciences naturelles étaient au
XVIe siècle si peu connues que le hardi chercheur
qui s'aventurait sur cette mer inexplorée devait se
heurter à plus d'un écueil. Mais aussi que de principes féconds entrevus en passant ! Frappé des couleurs irisées qu'offrent certains coquillages, il veut en
pénétrer la cause, et pressentant la décomposition de
la lumière avant Descartes et Newton, il découvre
que l'arc-en-ciel se produit seulement « lorsque le
soleil passe directement au travers des pluies qui lui
sont opposites. »

Ailleurs il remarque la tendance qu'ont certaines
substances à se rapprocher lorsqu'elles sont aban-
données à elles-mêmes, il parle de cette force suprême qui réunit les particules d'un même corps ;
tantôt il l'appelle *vertu salsitive*, tantôt *cinquième élément*, le plus souvent *sel* ; mais aussi parfois il la considère comme un agent impalpable, et lui donne le
nom d'*attraction*. En un mot, il cherche, il tâtonne,

mais il soulève une partie du voile qui cache cette grande loi physique.

La puissance formidable de la vapeur n'avait pas non plus échappé à cet esprit pénétrant. Il l'avait observée en appliquant le feu à ses ouvrages de terre, en regardant bouillir un chaudron; il avait fait chauffer ces boules d'airain qui, remplies d'un peu d'eau, « émettent un souffle véhément. » Ces faits si simples, si communs, deviennent pour lui un sujet de réflexions profondes, il se sent en présence d'un grand phénomène, et il déclare que cette force, inconnue encore, est capable de renverser les montagnes. Palissy sans doute ne soupçonnait pas qu'un jour, mise au service de l'industrie, elle accomplirait les prodiges dont nous sommes témoins; mais il touche pour ainsi dire la vérité du doigt, il la montre, il devine que la vapeur doit jouer dans le monde un rôle considérable, il ouvre la voie qui conduira les générations futures à la conquête de ce merveilleux agent.

Le seizième siècle par malheur n'était pas mûr pour ces grandes découvertes; maître Bernard devançait son époque, et tandis qu'il s'efforçait de pénétrer les lois éternelles de la nature, de faire servir la science au bien véritable de l'humanité, ses contemporains se laissaient encore séduire par les rêves de l'alchimie. Princes et savants cherchaient la pierre philosophale, les gens naïfs n'en parlaient qu'avec un respect mêlé de crainte, les charlatans exploitaient la crédulité publique. Palissy eut la hardiesse de s'attaquer corps à corps à cette dangereuse chimère; ce

qu'il flétrit surtout dans l'alchimie, c'est l'avarice de
l'homme qui veut usurper les bienfaits de la nature
sans mérite ni travail ; il commence par blâmer sévèrement ceux qui ne voient dans la science qu'un
moyen de s'enrichir, et qui se prétendent philosophes, c'est-à-dire « amateurs de sapience », en faisant
preuve de cupidité, sinon de mauvaise foi. Il cherche
à prouver que la génération des métaux « est un secret que Dieu s'est réservé, aussi bien comme la puissance de faire végéter toutes plantes, de leur donner
le croître, la saveur et la couleur. »

L'homme n'arrivera donc jamais au but que lui propose l'alchimie ; la pierre philosophale n'existe que
dans l'imagination enfiévrée de savants cupides. Maître Bernard s'en réjouit.

« Je dis qu'il vaudrait mieux une peste, une guerre
et une famine en France, que non pas six hommes
qui sussent faire l'or en grande abondance. Car après
que l'on se serait assuré que la chose se pourrait,
tout le monde mépriserait le cultivement de la terre,
et s'étudierait à chercher de faire de l'or, et par ce
moyen la terre demeurerait en friche, et toutes les
forêts de France ne sauraient fournir de charbon les
alchimistes l'espace de dix ans. Tous ceux qui sauraient faire de l'or, se sentant riches, voudraient être
monarques, et ils se feraient la guerre entre eux, et
après que la science serait divulguée, il y aurait si
grande quantité d'or, il viendrait à tel mépris, que
nul n'en voudrait donner pain ni vin pour échange. »

Cependant la guerre civile se déchaînait avec une

violence nouvelle. Au malheureux Charles IX, victime de l'entraînement des partis, de l'ambition de sa mère, victime surtout de sa propre faiblesse et de ses emportements, avait succédé Henri III, ce prince dont le nom rappelle une des époques les plus néfastes de notre histoire. Également odieux aux protestants, qui voyaient en lui l'ennemi de leur foi, et aux catholiques, dont il compromettait les intérêts, dont il avilissait la cause, il poussait chaque jour davantage la religion et le pays vers l'abîme où tous deux pensèrent périr. La Ligue s'étendait dans le pays avec une prodigieuse rapidité ; la bourgeoisie et le peuple s'enrôlaient avec ardeur sous sa bannière, croyant voir dans cette association formidable le salut de la foi menacée par l'hérésie, le salut de la France menacée par l'accord des huguenots avec l'Angleterre et les princes allemands. Par malheur, ils se jetaient eux-mêmes dans un autre écueil, car ils appelaient à leur aide le roi d'Espagne, et ils prenaient pour chefs les Guise. Or, le but secret de la maison de Lorraine était de détrôner Henri III pour s'emparer du pouvoir royal ; quant à Philippe II, ce haineux rival de la France, il espérait profiter des discordes civiles pour asservir le pays.

Pendant ce temps, le roi, tout entier à la mollesse et aux plaisirs, s'entourait de ses favoris, leur prodiguait les dignités et les trésors, fermant l'oreille aux plaintes du peuple qui l'accusait d'avoir en dix années « levé plus de deniers en France que n'avaient fait en deux siècles les rois ses prédécesseurs. » L'irritation publique grondait autour du trône comme les flots

d'une mer menaçante ; la défaite des armées royales
à Coutras, les progrès des huguenots achevèrent
d'exaspérer les esprits ; l'arrivée du duc de Guise à
Paris, en mai 1588, déchaîna la tempête.

Accueilli par les acclamations enthousiastes de la
foule, le chef de la Ligue était plus roi que le roi lui-
même. Sa maison, gardée par une nombreuse suite
d'hommes armés, devint le véritable Louvre, le lieu
d'où partaient les ordres souverains auquel le peuple
s'empressait d'obéir. Henri III, tremblant, appelle les
Suisses à son aide.

Le 12 mai, par une de ces belles et lumineuses
matinées qui semblent convier les hommes à s'unir
dans une même pensée d'amour envers le Créateur,
le bruit d'une musique guerrière retentit tout à coup
dans Paris. Ce sont les Suisses qui entrent.

« Ils viennent égorger nos chefs, ils en veulent à la
vie des Guise ! » crie le peuple.

De toutes parts, on court aux armes ; des barricades, les premières que l'on ait élevées sur ce sol
parisien qui depuis devait en voir tant d'autres, se
dressent dans toutes les rues. Comme il arrive toujours dans les temps de trouble, des hommes à figure
sinistre surgissent on ne sait d'où ; avides de désordre
et de violence, ils viennent mettre au service de la
cause du moment leurs passions haineuses, et surex-
citer les fureurs populaires. Une barricade, placée
près de la maison de Bernard Palissy, a pour gardien un de ces misérables, nommé Matthieu Delaunay. Disciple tour à tour de la religion catholique et

de la réforme, cet homme sans principe et sans foi avait réussi, par l'apparence d'un zèle fanatique, à faire oublier les scandales de sa vie passée. Maître Bernard éprouvait pour lui un mépris profond et il ne s'en cachait pas ; aussi Delaunay avait-il juré de le perdre.

Ses discours pleins de fiel excitent contre Palissy la rage de la foule. En vain quelques ligueurs cherchent à défendre le vieillard ; il va sans doute être mis à mort, quand deux ou trois officiers de la maison des Guise paraissent au tournant de la rue et s'informent de la cause du désordre. Grâce à eux, le péril qui menace Palissy se trouve écarté ; mais il faut à ses ennemis une satisfaction, il est jeté dans les cachots de la Bastille.

Après cet exploit, Matthieu Delaunay revient avec sa bande se joindre aux rebelles qui marchent vers le Louvre. Catherine conseille au roi de monter à cheval, d'aller au-devant des ligueurs ; elle-même, avec une intrépidité qui excite parmi les révoltés une respectueuse admiration, traverse les barricades dans sa litière pour se rendre à l'hôtel du duc de Guise. Mais elle n'a pu faire passer dans l'âme de son fils sa résolution virile. Henri, épouvanté, se cache dans ses appartements, puis, le soir venu, il s'enfuit par les jardins, galope sans s'arrêter jusqu'à Rambouillet, et de là se retire à Chartres.

L'émeute apaisée, il retourne à Paris, honteux de sa faiblesse, furieux contre lui-même et contre les autres. Palissy, en butte aux mauvais traitements d'un brutal geôlier, languissait dans sa prison ; le délivrer eût été facile, les Guise eux-mêmes souhaitaient l'élargissement de leur captif ; Henri eut peur, il n'osa couvrir de sa protection celui que les fureurs populaires avaient condamné ; il attendait, pour lui rendre sa liberté, un moment plus calme. Mais le cachot tue vite un vieillard de quatre-vingts ans ; quelques mois plus tard, Palissy mourait à la Bastille.

L'oubli ne tarda pas à se faire sur sa tombe ; puis vint l'heure de la justice tardive de l'histoire. Aujourd'hui l'humble potier, l'obscur savant, est proclamé l'une des gloires de la France ; non-seulement il a marqué du sceau de son génie des œuvres originales et impérissables, mais encore il a laissé à la postérité le fécond exemple de son dévouement à la science, de l'inébranlable courage, de l'héroïque fermeté avec lesquels il sut défier la misère et surmonter les obstacles qui se dressaient devant lui.

Nous traversons, nous aussi, des temps difficiles ; la foudre, en éclatant sur notre pays, a éclairé d'une lueur sinistre les plaies sociales qui le minaient sourdement ; n'oublions pas que chacun de nous doit, suivant la mesure de ses forces, contribuer à la régénération commune par l'énergie morale, l'abnégation, le travail.

JOSIAH WEDGWOOD

CHAPITRE Ier

Une naissance peu désirée. — Les élèves de Thomas Blunt.
— Mort du père de Josiah. — La petite vérole. — Wedgwood devient infirme. — L'école de la souffrance. — Une
association onéreuse. — L'épargne, c'est l'indépendance.

Bernard Palissy, avec sa soif de savoir, ses lumi-
neux aperçus, son ardent amour de l'art, peut être
considéré comme une personnification de la Renaissance. Avec Josiah Wedgwood, nous entrons dans une
région différente ; le potier anglais a les qualités dis-
tinctives de sa race, ce n'est pas un chercheur épris
de l'idéal, c'est avant tout un homme pratique, un
industriel, un négociant ; il contribue aux progrès de
l'art, à la prospérité de son pays, mais il sait concilier
ces grands intérêts avec ceux de sa fortune person-

nelle ; cette alliance, qui d'abord peut sembler singulière et provoquer le sourire, contribue chez nos voisins d'Outre-Manche à fortifier le sentiment public ; nul ne s'isole dans le souci de son bien-être individuel, tous comprennent que leur destinée est liée à celle du pays, et loin de vouloir l'en détacher, ils cherchent à resserrer cette union, ils considèrent comme leur bien propre la richesse et la puissance de la Grande-Bretagne.

On a souvent dépeint Wedgwood comme un ouvrier ignorant, infirme, pauvre, dont le père, chétif potier du Staffordshire, était réduit à un état voisin de l'indigence. Ce sombre tableau avait pour but de faire ressortir avec plus d'éclat la brillante position que le fondateur de la poterie anglaise sut conquérir. Nous devons à la vérité de rectifier cette légende fantaisiste.

Vers le milieu du dix-septième siècle vivait dans la petite bourgade de Burslem une famille qui, depuis plusieurs générations déjà, comptait parmi la noblesse du pays ; Gilbert Wedgwood, sa femme et ses huit enfants occupaient le plus riant des cottages couverts de chaume, mais entourés de frais jardins, qui s'étageaient sur la pente de la colline ; un enclos bien cultivé s'étendait près de la maisonnette ; tout, au dedans comme au dehors, respirait l'aisance, l'ordre, la propreté.

Burslem n'était pas uniquement habité par des fermiers et des cultivateurs. De son cottage, Gilbert Wedgwood pouvait apercevoir, non-seulement la vieille église abritée dans le creux du vallon, mais encore les fourneaux et les hangars des potiers du village, les monceaux de cendres résultant de la cuite de chaque jour, les excavations d'où se tirait l'argile. A la vérité, les artisans de Burslem ne façonnaient encore que de grossières faïences et cette fabrication s'exerçait sur une échelle si restreinte, qu'elle ne pouvait accroître beaucoup la richesse du district. Cette chétive bourgade était pourtant destinée à devenir le berceau de l'une des industries les plus prospères de la Grande-Bretagne.

Avant la naissance de celui qui devait l'illustrer, la famille de Wedgwood allait déchoir quelque peu de l'heureuse situation dans laquelle nous l'avons représentée. Les enfants de Gilbert, déjà très-nombreux, eurent une descendance plus nombreuse encore; il en résulta que le modeste patrimoine, divisé en un si grand nombre de parts, cessa de suffire aux besoins de chacun Il fallut y suppléer par le travail, et c'est ainsi que, vers 1720, nous trouvons l'un des membres de la famille, Thomas Wedgwood, à la tête d'une manufacture de poterie. A cette époque, les industries de ce genre ne rivalisaient guère que de pauvreté; un curieux mémoire évalue le mouvement de fonds de la fabrique à quatre livres sterling (100 fr.) par semaine, et le bénéfice du patron à la chétive somme de dix shillings (12 fr. 50).

Ce n'était assurément pas la misère, surtout si l'on songe à la différence des temps, et aux ressources que la campagne offre à une famille laborieuse. Mais Thomas avait douze enfants, et sa femme Marie, fille du pasteur de Burslem, ne parvenait qu'à grand'peine, malgré l'économie la plus sévère, à suffire aux dépenses croissantes du ménage. Nul transport de joie n'accueillit donc, il est facile de l'imaginer, le pauvre Josiah, lorsque, en juillet 1730, il fit son entrée dans le monde. Thomas considérait d'un œil soucieux ce nouveau-né chétif, à l'apparence maladive, qui allait augmenter les charges de la famille, et les voisins accourus songeaient plutôt à plaindre qu'à féliciter les parents.

L'enfance de Josiah confirma d'abord cette impression fâcheuse. D'une constitution délicate, d'un caractère sérieux et rêveur, il prenait rarement part aux jeux bruyants de ses frères aînés; ce corps frêle, cette âme repliée sur elle-même, semblaient peu faits pour soutenir les luttes de la vie; mais, tandis que les jeunes garçons de Burslem allaient dans les prairies voisines exercer la souplesse et la vigueur de leurs membres, lui, assis aux pieds de sa mère, ouvrait son cœur aux plus douces, aux plus fortifiantes influences. On l'a dit avec raison, la plupart des hommes éminents, de ceux surtout qui ont réuni sur leur front la double couronne du talent et des qualités morales, ont dû à l'éducation maternelle la meilleure partie de leurs mérites; c'est pendant les années bénies de l'enfance qu'une bouche aimée a déposé dans leur âme les germes de leur élévation future, nobles sentiments, amour du travail, idées généreuses, qui développent l'intelligence et font éclore le génie. Marie Wedgwood forma son fils aux humbles vertus qui convenaient à son état; pieuse et tendre, elle lui apprit à pratiquer les préceptes du christianisme, à grandir par la patience, l'oubli de soi, l'énergie morale.

« Mère, disait parfois Josiah, pourquoi donc Dieu ne m'a-t-il pas donné comme à mes frères la force et la santé?

— Mon enfant, répondait-elle en accompagnant d'un baiser ses paroles, nous ne sommes pas en ce monde pour jouir, mais pour faire notre devoir, et si nous l'accomplissons, nous y trouverons notre bonheur, quelles que soient d'ailleurs les conditions où nous ait placés la Providence.

— Mais, reprenait le jeune garçon, je voudrais, quand je serai grand, diriger une fabrique, avoir des ouvriers; mon frère John dit qu'il te rendra riche; moi, je n'arriverai donc jamais à rien?

— Ne crois pas cela. Il n'est personne qui ne puisse se rendre utile. Les uns ont la vigueur, les autres l'intelligence ou la persévérante volonté, tous ont reçu de la nature quelque don qu'ils doivent faire valoir. Sois laborieux, honnête, développe les facultés qui sont en toi, et tu deviendras un homme honorable, peut-être riche, dans tous les cas, heureux.

L'enfant avait atteint sa huitième année; jusque-là, ses parents s'étaient contentés de l'envoyer à la petite école de Burslem, où une femme du village, qui n'en savait guère plus que les élèves confiés à sa garde, lui avait à peine appris les premiers éléments de la lecture. Maintenant qu'il grandissait, que des soins attentifs avaient quelque peu amélioré sa santé, il devenait indispensable de le remettre à des mains plus habiles. Un homme d'un savoir étendu et d'un mérite bien supérieur à la modeste position qu'il occupait, Thomas Blunt, dirigeait alors à Newcastle une école de garçons et de filles; le chemin pour s'y rendre était long, mais il passait à travers de belles prairies, le long de haies d'aubépines et d'arbres touffus; chaque matin, les enfants du potier partaient de Burslem, avec leurs livres d'études et leur pitance du jour; ils s'en allaient, riant, chantant, gais comme des oiseaux par une matinée d'avril, chercher auprès du vieux maître les leçons qui devaient éclairer leur intelligence. Josiah fut bientôt un des favoris de Thomas Blunt. La précocité de son esprit, les rares facultés que l'instituteur découvrit sous la frêle apparence de son élève, l'étonnaient et le charmaient à la fois. Sous sa direction. l'enfant apprit avec une grande rapidité la lecture. l'écriture, l'arithmétique; sa timidité un peu sauvage disparaissait peu à peu; son goût se révélait par l'adresse extraordinaire avec laquelle il taillait, dans une simple feuille de papier, des figurines pleines de grâce et d'élégance; ses camarades émerveillés se pressaient autour de lui, demandant, celui-ci un navire avec ses mâts et ses voiles, celui-là une fleur ou un oiseau. Josiah prenait pour modèles les animaux et les plantes qui s'offraient à sa vue pendant le trajet qu'il faisait chaque jour de Burslem à Newcastle; il s'essayait même à reproduire, à l'aide du pinceau, les teintes harmonieuses du paysage, si gaies au printemps, si riches en automne.

Il éprouvait aussi une admiration instinctive pour les produits de l'art antique, et il passa bien des heures devant un fragment de poterie romaine qui ornait le dressoir de la maison de ses parents. Rêvait-il déjà qu'il serait le continuateur de ces œuvres des anciens âges, qu'il en ferait revivre la classique pureté de forme, les lignes élégantes, la correcte beauté?

Un malheur inattendu vint tout à coup interrompre les études et l'épanouissement intellectuel de Josiah; son père mourut de la fièvre au mois de juin 1739, et l'enfant, sevré de la tendre sollicitude qui avait écarté de lui le besoin, connut de bonne heure l'amertume de la vie. Avec son chef, la famille perdait la meilleure partie de ses ressources; le paiement des mois d'école était une charge trop onéreuse, il fallut la supprimer. Thomas, l'aîné des fils, prit la direction de la fabrique et employa ses jeunes frères à pétrir l'argile ou à tourner la roue. Mais cette privation d'un guide vigilant et dévoué, ce travail manuel qui, dès l'âge de neuf ans, l'enfermait dans un atelier de poterie, ne furent pas les seuls maux qui devaient attrister sa jeunesse.

La petite vérole, ce fléau qui, depuis quelques années, recommence à décimer nos villes, exerçait au siècle dernier de terribles ravages; la vaccine n'était pas encore introduite, et la médecine, impuissante à prévenir le mal, ne réussissait guère mieux à le combattre. Un jour, la mère de Josiah rentra toute pâle au logis; deux enfants venaient de mourir dans le voisinage, trois autres étaient gravement atteints;

l'effroi gagna toutes les familles et l'événement ne justifia que trop ces craintes. Presque chaque maison eut à déplorer la perte d'un être chéri : là un fils unique, ici une jeune fille enlevée dans la fleur de sa beauté, ou bien une mère arrachée à la tendresse des siens. Josiah fut à son tour frappé de la contagion, et la maladie se déclara d'abord avec une telle violence que l'on crut tout espoir perdu. Mais Marie Wedgwood veillait au chevet de son fils; penchée nuit et jour sur ce lit de douleur, elle trouvait dans son cœur des ressources inconnues pour disputer à la mort sa victime. Les soins triomphèrent de la gravité du mal. Le moment vint où Josiah, qui longtemps avait été comme aveugle, tant ses paupières étaient gonflées, tuméfiées, put ouvrir les yeux, et, trop faible pour parler, fixer sur elle un regard plein de reconnaissance et d'amour.

Le rétablissement néanmoins fut lent et pénible; la vie avait été trop profondément atteinte. Josiah ne connut pas les joies de la convalescence, si délicieuses, au dire de ceux qui les ont éprouvées. Le soleil, au contraire, semblait avoir perdu pour lui sa chaleur, l'air de la campagne ses vertus fortifiantes; le danger avait disparu, mais une insurmontable langueur le tenait cloué sur son lit. Cédant aux instances de sa mère, il essaya enfin de se lever; une splendide matinée de juin remplissait la chambre de tièdes effluves, Josiah voulut se diriger vers la fenêtre pour contempler ces champs et ces bois familiers qu'il n'avait pas vus depuis si longtemps; tout à coup un cri de douleur lui échappe : « Oh ! mère, mère, je ne puis pas marcher, mon Dieu ! est-ce que je vais être infirme ? »

Plus tremblante que lui, mistress Wedgwood cependant le rassure ; elle examine les jambes du pauvre enfant ; depuis longtemps déjà, le genou droit le faisait souffrir, mais nul ne croyait qu'une infirmité durable fût à craindre . La vive douleur qu'il éprouvait en cet instant était le premier symptôme qui permît de soupçonner la gravité du mal; encore un mieux momentané vint-il, à quelques semaines de là, bercer la famille d'un faux et dangereux espoir. Josiah reprit sa place à l'atelier, il commença régulièrement son apprentissage chez son frère.

Les fabriques du Staffordshire prospéraient ; les troubles qui éclatèrent à cette époque en Ecosse et dans le nord de l'Angleterre furent réprimés si promptement, ils pénétrèrent si peu au fond des masses populaires, qu'ils n'arrêtèrent point l'essor de l'industrie naissante. Thomas Wedgwood avait étendu ses affaires, il fabriquait sur une large échelle les grossières faïences qui alors étaient à peu près seules en usage dans l'Europe, où les produits artistiques des manufactures italiennes ne se rencontraient que chez les riches. La plupart des articles façonnés dans les poteries de Burslem étaient moulés, cependant les théières, les coupes, les vases, étaient laissés aux soins des tourneurs. Josiah excellait dans cette branche de travail. Il était parvenu promptement à manier le tour avec une précision et une délicatesse extrèmes. Mais sa patience devait être bientôt soumise à une douloureuse épreuve : le germe morbide que la petite vérole avait déposé en lui couvait lentement; ses progrès, pour être inaperçus, n'en étaient pas moins profonds ; les forces de Josiah ne tardèrent pas à trahir son courage, et cette fois ce fut en vain que le vieux docteur essaya l'effet de ses remèdes les plus énergiques pour guérir la plaie qui venait de s'ouvrir au genou. La crise passée, le jeune apprenti dut se résigner à demeurer désormais assis, la jambe étendue sur une chaise. Quelle poignante amertume envahit alors son âme ! Allait-il donc être toute sa vie condamné à l'inaction, devenir une charge pour sa famille, lorsqu'il commençait à sentir son intelligence capable de réaliser de grandes entreprises! Ce malheur cependant était l'amer breuvage qui devait retremper son génie. Quiconque veut mettre à profit les leçons de la nécessité, transforme les accidents, les difficultés en occasions de progrès ; comme le voyageur résolu qui, au bout d'un chemin riant et uni, se voyant arrêté par un fossé ou un ruisseau, franchit d'un bond cette barrière, et double ainsi sa vigueur.

Condamné à la solitude, sevré des amusements de son âge, Josiah se replia sur lui-même et chercha dans le développement de ses facultés intellectuelles un remède à son incapacité physique. Affranchi d'un travail manuel absorbant et pénible, il eut le temps, il eut surtout la volonté de tenter des expériences qui furent la base de ses futurs succès.

Ce fut pendant ses longues heures d'isolement qu'il cultiva son goût, s'appliqua au dessin, et le potier devint un véritable artiste. De la ligne il passa bientôt à la couleur; non content de donner aux objets dont il préparait la fabrication des formes harmonieuses, il voulut les revêtir de nuances variées, les unes rappelant l'agate ou l'opale, les autres l'écaille et le marbre. Il réussit même, après bien des essais, à imiter le porphyre mieux que ne l'avait fait encore aucun des potiers de son temps.

Ces travaux avaient pour résultat d'étendre la réputation de la petite manufacture, ils auraient dû être encouragés par le chef qui devait en recueillir les profits. Mais Thomas Wedgwood, satisfait de l'aisance que lui assurait l'état actuel de son commerce, et surtout la dot de la femme qu'il avait épousée, ne sentait la pointe d'aucun aiguillon qui le poussât hors de l'ornière de la routine. Il fuyait les nouveautés et se défiait de l'esprit inventif de son jeune frère; aussi refusa-t-il de lui laisser la moindre part d'autorité dans la maison. Reconnaissant qu'il était impossible de triompher de ce parti pris, Josiah se mit à chercher ailleurs un associé moins timide. La chose ne semblait pas aisée; sa jeunesse, son infirmité, son manque d'argent surtout rendaient peu probable qu'il obtînt la direction d'une entreprise; néanmoins il ne perdit pas courage. Un habitant du Staffordshire, nommé Harrison, venait de placer des capitaux assez considérables dans une fabrique de Cliff-Bank, dont Thomas Alders était propriétaire. Tous deux, potiers médiocres, avaient le sens commercial, l'habitude des affaires qui apprend à juger des hommes et à reconnaître ceux dont on peut attendre d'utiles services. Le talent, le savoir, le génie pratique de Wedgwood les frappèrent ; ils acceptèrent ses propositions, et bientôt on s'aperçut qu'une direction nouvelle était donnée à la manufacture. Grâce à l'active surveillance du nouveau chef, à ses études incessantes, à ses heureuses combinaisons chimiques, les poteries de Cliff-Bank acquirent une finesse que celles des établissements rivaux étaient loin de posséder.

Les commandes affluaient, tout semblait aller à souhait pour Josiah ; la mauvaise foi de ses associés vint briser les espérances d'avenir qui brillaient à ses yeux. Harrison et Alders cherchèrent à s'approprier les fruits de l'exploitation commune ; leur fraude fut découverte ; furieux de se voir déjoués, forts de la possession des secrets de Wedgwood, ils se vengèrent de lui en l'abreuvant de dégoûts.

Le jeune homme réussit à grand'peine à se dégager de cette association onéreuse. La fortune contraire s'acharnait sur lui ; après avoir eu à combattre la maladie et la pauvreté, après en avoir fait, pour ainsi dire, les marchepieds de son développement intellectuel et moral, il venait se heurter contre un nouveau genre d'écueil, la duplicité, la mauvaise foi qui, dans la carrière de l'industrie, tendent sans cesse des embûches à l'inventeur honnête pour le dépouiller du fruit de ses labeurs. Mais Josiah sut échapper aux mains avides qui avaient voulu l'exploiter, et désormais, instruit par l'expérience, il se tint sur ses gardes.

Obligé de chercher un autre associé, car il ne possédait pas assez de capitaux pour tenter seul une nouvelle entreprise, il eut recours à un homme laborieux, intelligent et d'une probité reconnue, Thomas Wheildon, qui, parti de fort bas, était devenu le chef d'une maison déjà importante. Wedgwood eut soin d'introduire dans le traité une clause qui l'autorisait à garder pour lui seul le secret des procédés qu'il parviendrait à découvrir. C'est ainsi qu'il passa six mois entiers, seul dans son laboratoire, pour chercher une glaçure plus belle et plus brillante que le grossier émail verdâtre des fabriques du Staffordshire ; ses travaux réussirent complètement, et bientôt la manufacture de Wheildon vit accourir une foule d'acheteurs, attirés non-seulement par l'éclat de la poterie nouvelle, mais encore par le goût délicat et sûr avec lequel le jeune inventeur savait varier la forme et les ornements de ses vases. On ne peut trop regretter que ce premier succès ne l'ait pas engagé à consacrer plus de temps à l'étude des couvertes qui communiquent à la faïence le brillant et l'imperméabilité ; un vase terne, poreux ne saurait, quelle que soit la finesse de sa pâte, soutenir la comparaison avec celui que revêt une riche glaçure.

Peut-être faut-il faire retomber sur Thomas Wheildon la responsabilité de cette lacune regrettable dans des expériences d'ailleurs si fécondes. Le nouvel associé de Wedgwood était un habile commerçant, mais il n'avait ni le feu sacré, ni le noble amour de l'art

qui animaient son jeune compagnon ; il aimait mieux
suivre la route unie et commode qui le menait doucement à la fortune que de gravir avec l'ardent Josiah
les sentiers périlleux de la gloire. Tous deux atteignirent plus tard le but qu'ils s'étaient assigné : Wheildon
acquit de grandes richesses et devint shériff du comté
de Stafford ; quant à Wedgwood, son nom, depuis
longtemps inscrit sur les pages immortelles de l'histoire des arts, est salué comme celui de l'un des bienfaiteurs les plus éminents de l'industrie anglaise.

Mais avant de prendre le rang qui lui était dû
parmi les hommes d'élite de son temps et de son
pays, Wedgwood devait rencontrer encore bien des
obstacles ; il devait, comme presque tous les esprits
supérieurs, grandir par l'effort et la souffrance. Dans
un des voyages qu'il faisait fréquemment du Staffordshire à Birmingham pour le placement des produits de la manufacture, il tomba de cheval et cet
accident réveilla l'affection dont sa jambe avait été le
siége pendant plusieurs années. La violence de l'inflammation ne put être combattue que par des sai-
gnées abondantes qui amenèrent l'épuisement com-
plet du malade. Pour se rétablir, il dut se résoudre à
garder le lit pendant de longs mois, dure nécessité
qui d'abord effraya son esprit actif ; mais cette âme
vaillante ne pouvait se laisser abattre ; il prit résolû-
ment son parti, et employa au travail intellectuel les
loisirs forcés que lui créait sa réclusion. Son éducation première présentait, on se le rappelle, de nombreuses lacunes ; il se mit à étudier avec ardeur la

langue anglaise, l'arithmétique, l'histoire de son pays, ses ressources industrielles et commerciales. La chimie surtout devint l'objet de ses recherches assidues, et bientôt il conçut l'idée de combinaisons céramiques ingénieuses. Mais Wheildon trouvait les expériences trop coûteuses, il se refusait à les entreprendre.

Ces discussions sans cesse renaissantes rendaient la situation de Josiah fort pénible. Comment néanmoins s'en affranchir? Pour se dégager d'une association qui entravait ainsi son initiative, il fallait des capitaux. Où en trouver? Wedgwood était inconnu, sans crédit; sa part dans les bénéfices de la manufacture était des plus modestes, mais il avait appris dès longtemps les ressources que peut procurer une stricte économie; ce fut à l'épargne qu'il résolut de demander l'indépendance. Cette décision, qui implique toujours chez un jeune homme de solides qualités morales, avait chez lui une portée plus haute encore; elle attestait une rare énergie de volonté, car il était à peine rétabli d'une maladie récente, et dans les conditions où il se trouvait, l'épargne, c'était la privation.

… CHAPITRE II

Le patron d'Ivy-House. — Une commande difficile. — Les
fêtes de Noël. — Va-t-il réussir? — Le dévouement d'une
mère. — Les chemins de l'Angleterre au XVIIIe siècle. —
Les tavernes de Burslem.

Le traité conclu avec Wheildon expirait en 1758;
Wedgwood prit seul la direction d'une petite fabrique
de poterie, située à Burslem, et désignée sous le nom
d'Ivy-House, qui jusqu'alors avait appartenu à deux
de ses cousins, John et Thomas Wedgwood.

Le voilà donc arrivé au comble de ses vœux, il est
chef d'usine; mais sur quelle échelle restreinte! Deux
fours de construction tout à fait élémentaire, un atelier fort petit, un chétif cottage, tel est l'humble théâtre où doit se déployer son esprit d'entreprise. La
maison cependant est coquettement ornée de lierre,
un jardin égaie sa façade, et quoique l'automne enveloppe déjà la campagne d'un manteau de brume, un
furtif rayon de soleil vient éclairer les fours et l'ate-

lier, tandis que Josiah, l'œil brillant, le cœur ému et plein d'espoir, surveille l'installation de ses outils, de ses échantillons, des substances au moyen desquelles il espère transformer l'art de la poterie.

Les commencements furent difficiles. Avant de tenter des expériences, il fallait vivre. L'insuffisance de ses capitaux, l'état déplorable de sa santé l'obligèrent d'abord à produire exclusivement des objets d'une vente prompte et avantageuse. Il dut se borner à introduire dans cette fabrication tous les perfectionnements de détail dont elle est susceptible. Un peu plus tard, il put accepter des commandes, dont le profit était à la vérité fort minime, mais qui eurent pour résultat, d'une part, d'accroître la somme de ses connaissances pratiques, de l'autre, d'élargir le cercle de sa clientèle, de lui créer des relations utiles. Les belles faïences dont les familles riches faisaient usage en Angleterre, provenaient pour la plupart de la Hollande, et particulièrement de Delft, qui depuis longues années jouissait d'une réputation européenne pour ce genre de produit. Or, s'il arrivait qu'une pièce de ces services vînt à se briser, la difficulté de la remplacer était grande, car les fabricants anglais ne pouvaient rivaliser avec la célèbre manufacture. Wedgwood ne recula pas devant cette tâche ardue. Il étudia les différentes pâtes, les glaçures, et grâce à de persévérantes recherches, il finit par découvrir les procédés qui donnaient aux poteries hollandaises leur incontestable supériorité.

Un jour, un seigneur du comté de Warwick vint le

trouver en grand émoi. Un maladroit serviteur avait laissé tomber une des pièces principales d'un service de haut prix, un plat d'une rare beauté. Pour réparer cet accident, on avait eu recours à différents potiers du Staffordshire ; les uns avaient refusé d'entreprendre un travail qui devait nécessiter de coûteuses recherches, par conséquent être peu lucratif ; les autres, plus hardis, avaient tenté l'aventure, mais ils avaient échoué de la façon la plus complète. Le noble lord, ayant entendu parler de Wedgwood, s'adressait à lui faute de mieux, à peu près comme les malades abandonnés de leur médecin recourent aux empiriques. Quelle apparence en effet que ce pâle jeune homme, installé si chétivement, réussît à faire ce que n'avaient pu des concurrents riches et pleins d'expérience ?

Wedgwood se mit à l'œuvre. Ses premiers efforts furent loin d'être couronnés de succès ; sa pâte n'avait ni la blancheur ni la finesse du modèle ; la chaleur de son four, tantôt trop considérable, tantôt insuffisante, amenait la perte des échantillons les mieux préparés.

Pour remédier à ce mal, il réussit à se créer une sorte de pyromètre qui lui permettait de constater approximativement à quel degré de chaleur ses pièces étaient soumises dans le four où il les faisait cuire. Il avait observé attentivement les changements de couleur produits sur la pâte par l'action de plus en plus violente du feu : il se servit de ces indications. Un mélange de marne, de sable et d'argile lui donna une poterie légère et transparente ; il la recouvrit d'un délicat émail bleu, et il obtint un plat parfaitement pareil à celui qui était sorti de la fabrique de Delft.

On approchait de Noël ; les routes, toujours fort mauvaises, étaient en cette saison tout à fait impraticables ; il ne fallait pas songer à se servir des moyens ordinaires de transport pour envoyer une pièce aussi précieuse. Le plat, soigneusement enveloppé dans de la paille, fut remis à un serviteur de confiance qui, monté sur le cheval de son maître, partit pour le Warwickshire. Le château où il se rendait n'était situé qu'à une quinzaine de lieues ; une semaine entière se passa pourtant, et le messager ne revenait pas. Grande était, comme on l'imagine, l'inquiétude de Wedgwood. Enfin un soir qu'on allait se réunir pour le repas de famille, un de ses frères entra joyeusement annoncer le retour du vieux serviteur. On le vit en effet paraître quelques instants après, le visage rougi par le froid, mais brillant de plaisir. On l'avait reçu en triomphe au château, et chacun avait été tellement émerveillé du travail de Wedgwood, qu'on n'avait pas voulu laisser partir son envoyé avant qu'il eût pris part à toutes les fêtes de Noël.

« Que Dieu bénisse notre jeune maître, dit-il en terminant, et qu'il lui donne chaque année une pièce semblable à refaire ; je me chargerais de la porter jusqu'au bout du monde. »

Cette commande en amena d'autres plus importantes. Josiah n'était guère établi depuis plus d'une année que déjà les bénéfices réalisés lui avaient permis d'agrandir le cercle de sa fabrication. Mais la retitude de son jugement le préserva des illusions dangereuses qu'auraient pu faire naître en lui ses premiers succès ; il comprit qu'avant de donner à ses affaires une extension considérable, certaines réformes importantes devaient être introduites dans la manufacture d'Ivy-House. Deux qualités essentielles, être prudent et savoir attendre, distinguaient ce génie éminemment pratique, quoi qu'en eût dit Thomas Wedgwood. Il ne se livrait à sa passion pour les découvertes industrielles qu'après avoir soigneusement préparé le terrain où devaient fructifier ses travaux. Loin de se laisser entraîner par une ardeur irréfléchie, de s'abandonner au plaisir d'expérimenter sur une grande échelle ses procédés, il se contenta de louer dans le voisinage quelques fours et quelques hangars, augmenta fort peu le nombre de ses ouvriers, mais appliqua tous ses efforts à introduire dans sa fabrique l'ordre, la régularité, une discipline sévère. Jusqu'alors chaque homme passait d'un travail à un autre, n'écoutant que sa fantaisie, et sans avoir égard ni aux nécessités du moment, ni aux intérêts de son maître. Depuis longtemps Wedgwood avait été frappé des inconvénients qui résultaient de cet état de choses. A l'âge où il n'était encore qu'un simple apprenti chez son frère, il avait signalé cet abus et proposé d'y porter remède ; mais Thomas, si économe de ses capitaux lorsqu'il s'agissait d'inventions et de recherches, n'avait pas la fermeté nécessaire pour s'opposer à un gaspillage inutile. Combattre l'esprit de routine n'est pas chose aisée.

Josiah s'en aperçut lorsque, devenu patron à son tour, il voulut introduire une meilleure division du travail. Ses ouvriers se révoltèrent ; l'un d'eux, le plus habile de ses contre-maîtres, déclara qu'il allait aussitôt quitter l'atelier avec ses camarades, si on prétendait imposer un règlement aussi contraire aux habitudes anciennes.

« Ce que j'exige vous fait-il tort? Ai-je réduit votre salaire? demanda Wedgwood.

— Je ne dis pas cela, répondit cet homme, mais nous sommes las d'obéir à un patron qui bouleverse tout et demande sans cesse des choses nouvelles. Nous voulons travailler à notre manière.

— Partez donc, répliqua froidement Josiah, car je suis résolu à ne pas souffrir l'indiscipline.

— Le jeune maître croit pouvoir se passer de nous, il verra, » dit l'ouvrier en ricanant.

Deux hommes et quelques apprentis restèrent seuls dans l'atelier. Wedgwood ne s'en effraya pas. Il aimait mieux suspendre les travaux que de tolérer l'insubordination et de renoncer à d'utiles réformes. Plusieurs jours s'écoulèrent. Enfin, les ouvriers, qui au fond regrettaient un maître bon et généreux, comprirent qu'il valait mieux obéir que de lutter. Bientôt, à leur grande surprise, ils reconnurent que les règlements qui leur avaient paru d'abord si incommodes, facilitaient leur tâche et avaient en définitive pour résultat l'augmentation de leurs salaires. car chaque homme étant chargé d'une main-d'œuvre spéciale, y acquérait une habileté aussi avantageuse pour lui-même que pour son patron.

Wedgwood ne s'en tint pas là. Outils et machines furent successivement améliorés par son infatigable impulsion. Un peu de vigueur physique lui étant revenue, il employait ses soirées et une partie des nuits à inventer des instruments nouveaux, ou à perfectionner les anciens, tandis que le jour il surveillait l'application des méthodes écloses pendant ses veilles fécondes.

Après avoir, par de patients efforts, réuni de la sorte tous les éléments d'une fabrication aussi parfaite que possible, il s'occupa enfin de réaliser le projet qu'il avait conçu depuis si longtemps, et de créer une poterie nouvelle capable de prendre place à côté des majoliques italiennes, des faïences de Delft et des terres émaillées de Bernard Palissy. Il voulait obtenir un produit céramique assez beau pour se prêter aux délicates fantaisies artistiques et figurer sur les tables les plus somptueuses, assez simple néanmoins pour devenir accessible aux classes moyennes. Ici encore apparaît en Wedgwood le côté positif et pratique du caractère anglais. Tandis que les potiers italiens et, à leur exemple, Palissy lui-même, épris uniquement du beau, n'avaient eu d'autre but que d'immortaliser leur nom par des œuvres rares et précieuses, le jeune patron d'Ivy-House, sans négliger les intérêts de l'art, envisage aussi la question au point de vue industriel, commercial, utile en un mot. Le problème était difficile à résoudre. Il essaya de différentes combinaisons chimiques; un moment il eut l'espoir d'arriver à reproduire les magnifiques porcelaines orientales. A cet effet, il inventa la glaçure connue aujourd'hui sous le nom de *china glaze*. Un vase, recouvert de l'émail transparent, sortit du four si blanc, si poli, que tous les ouvriers poussèrent un cri d'admiration, et que Wedgwood, calme d'ordinaire et maître de lui, sentit son cœur battre avec violence.

Hélas! cette joie fut de courte durée. En comparant avec une poterie orientale ce vase qui lui avait d'abord paru si beau, Wedgwood fut obligé de reconnaître qu'il n'avait ni la complète blancheur, ni la transparence, ni la dureté du modèle; c'était une imitation assez satisfaisante, ce n'était pas de la porcelaine, car notre inventeur n'avait pas eu l'heureuse fortune de mettre la main sur le kaolin, base des produits asiatiques.

Cet échec n'abattit pas son courage; il résolut seulement d'abandonner une poursuite inutile, et de chercher une autre voie. Les argiles de Dorset et de Devon, mélangées avec du silex, lui donnèrent une pâte fine et légère, dont la teinte délicate se prêtait admirablement à l'ornementation. Mais que d'études, que d'essais infructueux, avant d'arriver aux proportions convenables! La combinaison trouvée, une autre difficulté s'éleva. Les fours destinés à cuire la faïence en usage à cette époque ne convenaient nullement à une poterie dont la finesse exigeait des soins minutieux. Il les abattit pour en construire d'autres. Les expériences ne réussirent pas davantage; les premières pièces qu'il tenta de faire cuire furent brisées et noircies par l'action du feu. D'un autre côté, l'argent lui manquait, ses modestes épargnes avaient été toutes englouties ; pour récompense de ses travaux, l'infatigable chercheur pouvait, dans un avenir prochain, entrevoir la misère. Il se sentait pourtant si près du but ! Sa mère, touchée de ses angoisses, aliéna, pour lui venir en aide, le petit revenu qui à grand'peine la faisait vivre. Wedgwood avait refusé d'abord d'accepter ce sacrifice ; mais un matin qu'après une nuit sans sommeil il entrait dans la pièce où il se livrait à ses expériences, il trouva sur sa table un rouleau de guinées. Des larmes s'échappèrent de ses yeux.

« Oh ! ma mère, s'écria-t-il, tu te dépouilles pour moi ; mais je le jure sur cet or, témoignage de ton amour et de ton dévouement, tu seras un jour l'égale des plus riches et des plus nobles dames de l'Angleterre ! »

Un nouvel essai réussit enfin. Wedgwood avait découvert la poterie qui devait fonder sa fortune, et qui bientôt, sous le nom de « poterie de la Reine », allait être recherchée dans toute l'Europe.

A mesure que son établissement prenait de l'extension, le manufacturier d'Ivy-House voyait plus clairement quelles entraves la difficulté des communications apportait au commerce national. Bien des descriptions nous ont été laissées de l'état des routes à cette époque, et, si on les prenait à la lettre, l'Angleterre du xviiie siècle aurait été une contrée barbare, toute peuplée de bandits. Il faut sans doute, dans les

récits dramatiques des voyageurs du temps, faire la
part de l'imagination ; toutefois il est incontestable que
les chemins d'alors, peu sûrs et mal entretenus, rendaient lent.et coûteux, quelquefois même impossible,
le transport des marchandises. Tout enfant, Wedgwood avait vu, devant l'usine de son père, les malheureuses bêtes de somme, ânes ou chevaux, acca-
blées sous le poids de leurs charges de houille, d'argile, de poterie, enfonçant jusqu'au poitrail dans le
sol effondré, tandis que des charretiers impitoyables
leur déchiraient les flancs à coups de fouet. « Il est
impossible, écrivait en 1768 le savant Arthur Young,
il est impossible de trouver des termes assez énergiques pour caractériser ces exécrables chemins. La
route de Newcastle est sillonnée en tous sens d'or-
nières et de trous profonds. Elle est tellement étroite,
qu'un jour, une voiture renversée, à demi enfoncée
dans la vase, me fermant le passage, je dus payer deux
hommes pour maintenir ma chaise de poste en équi-
libre, pendant que nous essayions de tourner l'obstacle. Le meilleur conseil que je puisse donner aux
voyageurs, c'est d'éviter cet abominable pays, où ils
seront à coup sûrs ensevelis dans la boue, à moins
qu'ils n'aient eu tout d'abord les os brisés par le choc
des grosses pierres qui alternent avec les amas de
fange. »

Actif et infatigable, Wedgwood adressa aux autorités anglaises de nombreux mémoires ; il fit entrer
dans ses vues les principaux fabricants du Staffordshire
et présenta au Parlement une pétition qui sollicitait,

dans les termes les plus pressants, l'amélioration des chemins. Après trois ans d'incessantes démarches, cette demande reçut, en 1763, une complète satisfaction.

Les intérêts de l'industrie et du commerce n'étaient pas les seuls que prît à cœur le jeune manufacturier ; son noble esprit envisageait une sphère plus haute : son âme généreuse, ardemment dévouée au bien public, se préoccupait de l'amélioration morale du pays non moins que de ses progrès matériels. Or les classes ouvrières étaient, dans le Staffordshire, livrées à tous les vices qu'entraîne après elle la plus complète ignorance, jointe à l'irréligion la plus brutale. Les potiers de Burslem assistaient fort peu à l'office du dimanche ; ils accueillaient par des huées, voire même par des coups de pierres, ceux qui essayaient de les rappeler à leurs devoirs, mais ils fréquentaient assidûment la taverne du village. Dès que les pièces étaient au four, ils allaient se gorger d'ale et de whiskey ; bientôt, complètement ivres, ils se prenaient de querelle avec leurs compagnons, et la journée se terminait rarement sans que le constable fût obligé de venir mettre fin à ces dégoûtantes scènes d'orgie. Comme on le pense bien, beaucoup de cuites se trouvaient manquées, au grand préjudice du patron ; mais ceux qui souffraient plus encore de ces habitudes déplorables, c'étaient les femmes et les enfants des ouvriers ; une journée passée à la taverne enlevait parfois à la famille le pain de toute une semaine. Wedgwood avait, comme nous l'avons vu, établi dans ses ateliers une discipline sévère ; les hommes qu'il employait eurent promptement la réputation d'être les plus laborieux, les plus rangés du pays. Mais il voulut aller plus loin et couper le mal dans sa racine ; dès leur enfance, garçons et filles, oisifs du matin au soir, s'habituaient à la paresse et au désordre ; le jeune manufacturier fonda une école où de nombreux élèves se formèrent à l'amour du travail, en même temps qu'ils acquéraient les notions les plus utiles aux divers métiers qui devaient un jour les faire vivre. Voyait-on dans le village une chaumière bien tenue, un intérieur où brillait un modeste confort, des enfants intelligents et propres, on pouvait dire presque à coup sûr : « Cette cabane appartient à un ouvrier d'Ivy-House, ces enfants sont les siens. »

CHAPITRE III

Depuis qu'il avait pris en main la direction de la fabrique, Wedgwood faisait à Liverpool de fréquents
voyages ; c'était là qu'il allait chercher les charge-
ments d'argile qui souvent lui arrivaient de fort loin ;
là qu'il s'approvisionnait de cobalt, qu'il expédiait à
l'étranger ses poteries, etc. Comme l'usage des diligences était inconnu dans ces districts, la route devait se faire à cheval ; un jour que, monté sur une
jument des plus paisibles, il suivait un des étroits et
affreux sentiers qui étaient alors les seules voies de
communication entre Burslem et Liverpool, il rencontra une voiture lourdement chargée. Dans la
louable intention d'éviter notre voyageur, le charre-
tier voulut se détourner quelque peu ; ce mouvement

fit tomber dans une ornière le pesant véhicule qui, du choc, renversa violemment Wedgwood. Se relever fut l'affaire d'un instant. Mais la jambe dont Josiah souffrait depuis tant d'années avait été foulée dans sa chute; il atteignit Liverpool à grand'peine, et lorsqu'il lui fallut descendre de cheval, il éprouva une douleur si vive que deux hommes furent obligés de le soutenir pour monter l'escalier de sa chambre.

On dut appeler un chirurgien, le docteur Turner; des soins assidus conjurèrent le péril, l'inflammation céda. Toutefois un repos absolu devint nécessaire. Seul au milieu d'une ville où il ne connaissait pour ainsi dire personne, éloigné de ses amis et de ses parents, enfermé pendant de longs jours dans une chambre d'auberge, Wedgwood ne tarda pas à ressentir un ennui profond. Liverpool était alors une cité charmante, environnée d'une campagne fertile, que de jolis sentiers, des ondes paresseuses, des ponts de bois rendaient fort pittoresque; ses rues, peu nombreuses, étaient remplies de vie et d'animation; son fleuve majestueux, la vue imposante de la mer lui donnaient un charme auquel Wedgwood ne fût certainement pas demeuré insensible, s'il avait pu en jouir; mais, cloué sur un lit de douleur, il avait pour unique distraction les revues et les journaux que lui envoyait le bon docteur Turner.

Cette pénible réclusion devait cependant, par une disposition providentielle, être pour lui la source du plus rare de tous les biens : il allait y trouver une des plus grandes bénédictions de sa vie, un ami véritable.

Le docteur Turner se présenta un matin chez lui accompagné d'un homme à l'extérieur plein de distinction, à l'œil intelligent, à la physionomie noble et franche. Wedgwood avait entendu parler de l'étranger ; il prit la main qui lui était cordialement offerte, et la serra dans les siennes. Les sujets de conversation ne manquaient pas entre eux, ils avaient une grande ressemblance de goûts ; les relations commencées d'une manière fortuite ne tardèrent pas à se transformer en une étroite amitié, dont la mort seule put briser les liens. Thomas Bentley avait une âme d'élite, un esprit libéral et ferme ; il possédait de plus des connaissances très-variées et des manières dont le charme lui gagnait le cœur de tous ceux qui l'entouraient. L'affection profonde qu'il éprouva pour Wedgwood, l'infatigable dévoûment avec lequel il l'aida, en maintes circonstances, de ses conseils, de sa bourse, de son crédit, contribuèrent puissamment à la fortune de notre grand potier. La correspondance des deux amis, publiée récemment, révèle d'une manière touchante la tendresse profonde qui les unissait.

Thomas Bentley était fils d'un noble propriétaire du Derbyshire. Il naquit la même année que Wedgwood, en 1730, et fut élevé dans un collége non loin du lieu où habitait sa famille. Ses études terminées, son père le plaça dans une importante maison de Manchester, pour le former à la pratique des affaires, car les Anglais avaient commencé bien avant nous à se défaire du préjugé funeste d'après lequel le commerce et l'industrie étaient regardés comme des états presque dégradants, que l'aristocratie ne pouvait embrasser sans déchoir. L'oisiveté seule leur semblait avilissante, et l'on ne rencontrait point chez eux ces jeunes gens qui, fiers de la fortune amassée par le travail et les services de leurs ancêtres, se croyant affranchis de tout devoir envers la société, mènent une vie également inutile à eux-mêmes et aux autres. Bentley voyagea ensuite sur le continent, visita l'Italie et la France, apprit la langue de ces deux pays, qu'il parla bientôt avec une pureté très-grande; il admira dans Rome les chefs-d'œuvre de l'antiquité, développa, par de fortes études, ses facultés intellectuelles et en même temps le goût artistique qui devait plus tard lui être si utile. Puis il revint, riche d'une précoce expérience, fonder à Liverpool un établissement commercial.

Les heures passaient rapidement pour Wedgwood dans la société de son nouvel ami. Ils discutaient tour à tour ensemble les questions religieuses, politiques, commerciales; ils parlaient de céramique, de science, d'art, de poésie. Bentley était un fervent admirateur de Thomson; il se plaisait à recueillir, pour les fixer dans sa mémoire, des pages entières de l'immortel auteur des *Saisons :* ainsi dans un brillant parterre, nous rassemblons les fleurs les plus belles, et nous en formons un bouquet.

La satisfaction intérieure exerce toujours sur la santé une heureuse influence; le docteur Turner ne s'était pas trompé en supposant que les visites de

Bentley contribueraient efficacement à la guérison de son malade. Wedgwood ne tarda pas à se trouver en état de se rendre à la demeure de son ami, qui du reste était voisine. Il y rencontra une foule d'hommes distingués dans les sciences et les lettres ; la maison de Bentley était le véritable foyer intellectuel de Liverpool, le centre d'où rayonnaient la vie et les initiatives généreuses; elle devint le point de départ d'un grand nombre de mesures d'intérêt public. Ce fut là que Wedgwood entendit pour la première fois parler du hardi projet de construire un canal qui, reliant la Tamise, la Severn, la Mersey, unirait la mer du Nord à l'océan Atlantique. Cette idée féconde, dont la réalisation devait avoir, pour le commerce et l'industrie de la Grande-Bretagne, la même importance que la création du canal de Languedoc pour les transactions françaises, remplit Wedgwood d'enthousiasme. Il vit d'un coup d'œil quels immenses avantages en retirerait le pays, et il se promit de n'épargner ni temps, ni soins, ni fatigues pour en assurer le succès.

Cependant Josiah était arrivé à cet âge où l'homme, possédant la plénitude de ses facultés, rêve d'associer une autre âme à la sienne, et songe à prendre plus fortement racine dans la vie en devenant le fondateur d'une nouvelle famille. Depuis longtemps, il appréciait les qualités charmantes et solides de sa cousine Sara Wedgwood. Simple dans ses goûts, ayant un esprit élevé, une instruction rare parmi les femmes de cette époque, douée en outre d'un grand fonds de tendresse et de dévoûment, elle était également préparée à se contenter d'une humble fortune, à devenir la consolation de son mari, s'il échouait dans ses entreprises, ou bien à occuper avec grâce une position brillante. Wedgwood demanda la main de Sara.

Le père de la jeune fille souleva d'abord quelques difficultés. La position de Wedgwood ne lui semblait pas fermement assise; sa santé, toujours si faible, devait donner aussi à un chef de famille de légitimes inquiétudes; mais l'affection mutuelle des deux jeunes gens, l'estime profonde qu'inspirait partout le caractère de Josiah. triomphèrent enfin de sa résistance. Le mariage fut célébré le 25 janvier 1764, à l'église d'Astbury, dans le Cheshire.

La maison de la fiancée était située à quelque distance du vieux temple gothique; parents et amis, en habits de fête et montés sur des chevaux, formaient un joyeux cortége au carrosse dans lequel Wedgwood, le visage brillant d'une joie radieuse, se trouvait avec Sara. Les arbres du chemin, couverts de givre, étincelaient au soleil comme des gerbes de diamants; des figures curieuses et souriantes apparaissaient aux fenêtres de chaque cottage, et plus d'un pauvre, en voyant passer la gracieuse mariée, la suivait d'un regard plein de gratitude.

Voici le jeune couple arrivé devant l'autel. Un pasteur aux cheveux blanchis par l'âge prononce sur eux les graves et touchantes paroles de la bénédiction religieuse : « Dans la joie et dans la tristesse, dans la fortune et dans la pauvreté, dans la santé comme dans la maladie, dans la vie et dans la mort, vous êtes unis devant l'Éternel, le Dieu d'Abraham, d'Isaac et de Jacob. »

Chargé désormais d'une destinée si chère, Wedgwood sentit s'augmenter en lui la noble ambition qui avait inspiré ses premiers travaux. On est étonné de la multitude de soins de toutes sortes qui trouvaient place dans sa laborieuse existence. Sa réputation grandissait chaque jour ; il songea bientôt à se choisir un représentant à Londres, ce foyer commercial qui rayonne sur tous les points du globe. Un de ses frères, John, habitait cette ville, où il avait longtemps exercé des fonctions administratives. Rentré dans la vie privée, il employait ses loisirs à fréquenter les artistes et les gens de lettres ; il était donc mieux que personne en état de servir les intérêts de Josiah en étendant ses relations, en l'initiant au mouvement esthétique et intellectuel de l'époque. John accueillit la proposition de son frère avec empressement ; il devint son intermédiaire auprès des graveurs, des dessinateurs, des ouvriers habiles qu'il s'agissait d'enrôler ; il lui acquit même l'appui de grands personnages qui, non contents de faire au jeune manufacturier de riches commandes, lui prêtèrent, pour lui servir de modèles, des œuvres d'art d'un prix inestimable.

Plusieurs pièces de l'appartement de John avaient été converties en magasins où s'étalaient, disposés avec le goût le plus exquis, les produits de la fabrique d'Ivy-House. Bientôt l'affluence des visiteurs devint telle, que le local se trouva trop petit. John proposa de transférer le dépôt dans une maison du riche quartier de Pall Mall. Mais des ventes aux enchères avaient longtemps eu lieu dans cet endroit, et Wedgwood, observateur attentif de la nature humaine, refusa de souscrire à cet arrangement. Une lettre, qu'il écrivit à Bentley, son confident et son conseiller le plus cher, nous fait connaître les motifs de son opposition :

« Mes magasins, dit-il, commencent à être en vogue parmi la noblesse, et mes clients les recommandent d'autant plus à leurs amis qu'ils sont assurés de n'y rencontrer jamais des personnes qui ne sont pas de leur monde. Or, chacun ayant coutume d'entrer librement dans une salle d'enchères, je craindrais de voir cette habitude continuer malgré le changement de destination du lieu, et ce serait le moyen le plus sûr de faire fuir la clientèle d'élite. Car, vous ne l'ignorez pas, la noblesse, surtout en notre pays, évite d'avoir avec les autres classes de la société plus de rapports que n'en exigent les convenances ou les plaisirs. Je transporterai donc ailleurs mes magasins, et je veux qu'ils soient vastes, afin de pouvoir étaler de la façon la plus avantageuse mes services de table ou de dessert; je veux aussi qu'une riche variété de vases décore les étagères dressées le long des murs, et que l'on change souvent la disposition des objets, de manière à leur donner chaque jour un aspect différent. Ce point est de la plus haute importance Le commerce, à Londres, doit se présenter à l'acheteur sous la forme d'une distraction. Toute chose rare ou inconnue attire d'abord, mais la foule s'éloigne bientôt, si l'on n'a soin d'alimenter sa curiosité. »

Bien différent de la plupart des inventeurs et des artistes, qui négligent souvent la terre pour planer sur les hauteurs de l'idéal, Wedgwood ne craignait pas d'entrer dans les plus minces détails; il appréciait les choses et les hommes, acceptait la société telle qu'il la trouvait, savait enfin en faire servir les exigences au but qu'il poursuivait sans relâche, le perfectionnement de son art.

Une consécration manquait encore à sa célébrité. Doué du désintéressement des esprits supérieurs, il n'avait jamais recherché le patronage des grands, moins encore celui de la cour; il avait l'âme trop haute, le cœur trop fier et trop droit pour sacrifier son indépendance, soumettre son génie aux caprices d'un maître; mais le mérite de ses œuvres parlait trop haut pour que le bruit n'en arrivât pas aux oreilles de la reine Charlotte. La protection qu'il n'avait pas voulu solliciter vint à lui.

Un jour, la princesse remarqua chez le duc d'Argyle un vase d'une grande beauté. Apprenant que ce chef-d'œuvre était sorti des mains d'un artiste anglais, elle se fit raconter la vie simple et laborieuse de Wedgwood, ses difficiles commencements, ses luttes, ses souffrances. Le lendemain, John Wedgwood était mandé à Saint-James. Quelques jours après, Josiah recevait la commande d'un service à thé; il déploya dans l'ornementation des diverses pièces un goût si délicat et si sûr, la pâte était d'une si grande finesse, d'une teinte si douce, que la reine Charlotte, remplie d'admiration, déclara qu'elle voulait donner son nom à la poterie nouvelle. Comme on le pense bien, la faveur royale mit à la mode les porcelaines de Wedgwood; la manufacture d'Ivy-House devint trop petite pour le nombre de ses ouvriers; on agrandit les bâtiments, on construisit des fours. Accablé sous le poids des affaires, Josiah dut songer à prendre un associé. Depuis longtemps, il avait l'habitude de consulter Bentley en toute occasion, il avait pu apprécier maintes fois la sûreté de son jugement, ses capacités rares, la sagesse de ses conseils, il souhaitait s'assurer son concours. Ce ne fut toutefois que vers la fin de 1766, quand l'établissement d'Ivy-House eut pris une extension suffisante pour lui permettre d'offrir à son ami une association avantageuse, qu'il s'ouvrit du projet nourri en secret pendant plusieurs années.

Concentrer l'énergie de ces deux talents dans une même direction, faire concourir au perfectionnement de l'art les qualités diverses de ces intelligences d'élite, c'était une pensée féconde. En résignant dans les mains de Bentley une partie de l'administration de la fabrique, Wedgwood se réservait plus de temps pour les expériences et les études indispensables à quiconque ne veut pas s'arrêter dans la voie du progrès. Déjà son imagination revêtait l'avenir des plus riantes couleurs; quel essor nouveau n'allait-il pas prendre lorsqu'il serait secondé par un esprit si capable de comprendre et d'apprécier la beauté artistique! Combien seraient douces les causeries du soir, lorsque, assis près de Sara, et tenant sur ses genoux un de ses enfants, il entendrait son ami lui dépeindre la grandeur sévère des chefs-d'œuvre de l'antiquité, les merveilles de la Renaissance italienne! Quels sujets d'ailleurs n'aborderaient-ils pas ensemble! Quels horizons ne verraient-ils pas s'ouvrir devant eux!

Mais Bentley ne se sentait pas les connaissances spéciales requises pour devenir le chef d'un grand établissement de céramique. Il refusa d'abord. Wedgwood mit à réfuter ses objections une franchise, une droiture, une délicatesse qui peignent admirablement ce noble caractère :

« J'ai relu plusieurs fois votre lettre, écrit-il, et il m'a paru que la difficulté sur laquelle vous appuyez le plus, pourrait être aisément surmontée. Vous vous excusez sur votre ignorance complète de l'industrie qui nous occupe. Je ne saurais être d'accord avec vous sur ce point, car vous avez le goût, qui est l'âme de notre art, et pour le reste, un écolier aussi habile l'apprendra bien vite. Les connaissances mécaniques sont partout ici; on s'en pénètre sans le vouloir, on les respire avec l'air du pays.

« Votre seconde objection, la nécessité de quitter Liverpool, est moins facile à détruire. Il s'agit ici d'une question de chiffres que je ne saurais résoudre. n'ayant pas pour cela les éléments nécessaires. Dire dans quelle proportion votre absence pourra nuire au développement de votre commerce n'est pas chose facile, et d'un autre côté, si je crois avec une pleine et entière confiance au succès de notre entreprise, je n'en ai pas la certitude absolue que je voudrais donner à un ami si cher. Mais il y aurait, je pense, moyen de prendre tels arrangements qui mettraient vos intérêts à l'abri, et vous indemniseraient des sacrifices que vous auriez faits.

« La question d'argent écartée, il en reste une qui m'inquiète plus que toutes les autres ensemble. Je crains que vous ne puissiez vous résoudre à quitter vos amis, à sacrifier une foule de relations agréables et les plaisirs d'une grande ville pour vivre dans un district éloigné qui, je le sais par expérience, ne vous offrira aucune espèce de dédommagement. Bien des fois cette pensée décourageante s'est présentée à mon esprit ; je vous la communique avec sincérité, car je ne veux dissimuler à vos yeux aucune des ombres du tableau.

« Si cette perspective ne vous effraie pas, si vous êtes sensible à la joie que votre présence apporterait à un ami qui vous aime tendrement, si, touché comme moi des charmes de notre industrie, vous en faites la maîtresse de votre cœur, alors j'ai bon espoir dans l'issue de ma négociation. Considérez, en effet, l'admirable souplesse de l'argile, la variété infinie des teintes dont nous pouvons disposer, souvenez-vous que l'éternelle beauté nous appartient, que tout ce qui a la grâce de la forme, l'éclat du coloris est du domaine de notre art. Quel champ vaste et fécond, si nous savons le cultiver ! Je suis fermement convaincu que les bénéfices récompenseront amplement notre activité, notre énergie, et vous trouverez un bien plus digne emploi de vos facultés à devenir le créateur d'œuvres artistiques, qu'à demeurer simplement l'intermédiaire qui les expédie d'un lieu à un autre. Laissez-moi donc vous esquisser mon projet, quand même ce ne devrait être qu'un rêve; ce n'est pas la première fois que nous aurons pris plaisir à bâtir des châteaux en Espagne, qui se sont bientôt évanouis comme la brume du matin... »

Malgré ce touchant appel, où respire l'enthousiasme de Wedgwood pour l'art qui captivait son âme tout entière, Bentley hésitait encore. Un événement inattendu vint mettre un terme à son indécision.

Tout occupé du projet qui lui tenait si fort au cœur, Josiah dessinait auprès de sa mère le plan d'une maison qu'il se proposait de construire pour y loger avec son ami; deux enfants, son fils et sa fille, jouaient non loin de là; nul peintre n'eût imaginé un plus doux tableau de bonheur domestique; tout à coup, le galop d'un cheval retentit dans la cour; Sara, pâle et tremblante, vient dire quelques mots à l'oreille de son mari; Wedgwood se lève, jette un regard d'angoisse sur sa mère, et sort aussitôt. Le courrier qui l'attendait dans une pièce voisine lui présente un pli cacheté de noir. Josiah le parcourt rapidement.

« Grand Dieu ! s'écrie-t-il, mon frère ! Mon pauvre John ! Est-il possible ?

— Il n'est que trop vrai, répond l'envoyé. On l'a trouvé hier matin noyé dans la Tamise.

— Sa mort a donc été le résultat d'un crime ?

— Nul ne peut le dire. Il avait passé la soirée chez un ami ; peut-être le pied lui aura-t-il glissé en suivant la berge obscure de la rivière. »

Cette fin tragique et mystérieuse causa un profond chagrin à Josiah. Obligé de surmonter sa douleur pour donner à sa mère force et consolation, il s'épanche dans le sein de Bentley :

« Je sais que vous prendrez part à mon affliction, et je n'ai pas besoin de vous dire à quel point seront bien venues les lignes, si courtes qu'elles soient, qui me seront envoyées par un ami tendre et dévoué comme vous. Il nous faut maintenant nous aimer davantage encore, s'il est possible. Laissez-moi vous choisir pour mon frère, et que notre affection remplisse le vide creusé dans mon cœur par cette perte cruelle. »

Bentley comprit que, dans cette douloureuse épreuve, sa présence et son concours devenaient indispensables à son ami. La semaine ne s'était pas écoulée, qu'il frappait à la porte d'Ivy-House et serrait Wedgwood dans ses bras. Hélas ! les châteaux en Espagne s'étaient évanouis en effet. Le dépôt de Londres, privé de son chef, avait besoin d'une continuelle et intelligente direction. Unis désormais par la poursuite d'un même but, les deux amis devaient être plus séparés cependant qu'ils ne l'avaient jamais été, l'un demeurant chargé de la fabrication dans le Staffordshire, tandis que l'autre allait représenter les intérêts communs auprès de cette opulente et aristocratique clientèle qui se trouve seulement au sein des grandes villes.

Mais les hommes énergiques tirent parti des circonstances les plus contraires à leurs désirs. Le mérite de Bentley lui procura bientôt à Londres des amis puissants ; il en profita pour hâter l'exécution de la grande mesure d'intérêt public dont Wedgwood et lui avaient dès l'origine si bien compris l'importance, le canal de *Great Junction*. D'habiles pamphlets, de sérieux travaux avaient déjà préparé la voie ; mais le projet rencontrait de vives oppositions ; des fables absurdes circulaient dans le public : les rivières seraient desséchées, disait-on, si on retirait de leur sein une masse d'eau si considérable ; les villes maritimes deviendraient désertes, car le commerce, suivant un cours nouveau, abandonnerait les ports qui en étaient le centre. On n'imaginerait pas aujourd'hui tout ce qu'il fallut à Bentley de verve critique, de ferme bon sens, d'activité infatigable pour avoir raison de ces préjugés. Il réussit enfin, grâce au concours du célèbre ingénieur Brindley ; mais le principe une fois admis, le tracé du canal souleva de nouveaux obstacles ; on eut grand'peine à obtenir qu'il passât par le Staffordshire ; sans l'énergique intervention de Wedgwood, les potiers anglais eussent été privés de la grande voie de communication qui devait faire prendre à leur industrie un si prodigieux essor.

La bataille était gagnée ; les vaillants champions semblaient n'avoir plus qu'à jouir des fruits d'une victoire qui était pour le pays un inestimable bienfait, en même temps qu'elle accroissait leur influence et assurait leur fortune. Mais l'organisation débile de

Wedgwood avait subi de trop violentes secousses ; au chagrin causé par la mort d'un frère tendrement aimé, avaient succédé une lutte fiévreuse, d'incessantes démarches, un travail opiniâtre ; semblable au blessé qui, dans l'ardeur du combat, ne sent pas la souffrance, il avait oublié son état maladif pour ne songer qu'au succès de la cause qu'il s'était chargé de défendre. Sa femme observait d'un œil inquiet la pâleur de son visage ; elle remarqua un soir, avec plus d'effroi encore, que sa jambe malade était de nouveau enflée ; tremblante, elle le supplia de prendre du repos :

« Non, répondit-il, je ne puis déserter mon poste au moment où ma présence est le plus nécessaire ! Encore quelques jours d'ailleurs, et tout sera terminé. »

Il fallut s'arrêter pourtant, car les souffrances devinrent intolérables. Le médecin, appelé en toute hâte, se crut obligé de recourir à une médication énergique. Le gonflement de la jambe diminua, mais le malade pensa perdre la vie. « La douleur du genou ne fut pas plutôt calmée, écrivit-il plus tard à Bentley, que j'éprouvai une violente suffocation, accompagnée de fièvre et d'une insupportable surexcitation nerveuse. L'air manquait à ma poitrine ; je m'estimai heureux de sentir le mal revenir enfin à sa place accoutumée. »

Dans ce péril, Wedgwood prit une résolution courageuse. Dès longtemps il avait pressenti l'issue fatale où devaient aboutir ses longues souffrances, et il avait appris à l'envisager avec une fermeté toute chrétienne.

« Ma chère Sara, dit-il à sa femme en s'efforçant de sourire, puisqu'il n'y a plus moyen de vivre avec notre ennemi, — et il montrait sa jambe tuméfiée, — il faut le mettre dehors.

— Grand Dieu ! une amputation !

— Ne vous effrayez pas, il n'y a rien là de si terrible. Tant de soldats perdent sur les champs de bataille des membres sains et robustes, et moi je vais être débarrassé d'une jambe qui a fait de ma vie un martyre continuel. »

D'habiles chirurgiens, appelés aussitôt de Londres, partagèrent l'avis du malade. L'opération eut lieu le 28 mai 1768. Wedgwood fut admirable d'énergie. Assis dans un fauteuil, le regard fixé sur l'instrument dont l'acier s'enfonçait dans les chairs, il supporta l'amputation sans laisser échapper une plainte, sans faire un mouvement d'impatience. Les progrès de sa convalescence furent retardés par une épreuve encore plus pénible ; l'un de ses enfants lui fut, la semaine suivante, enlevé en quelques jours. Le deuil et la souffrance semblaient avoir pris possession de cette maison d'Ivy-House, autrefois si paisible. Mistress Wedgwood, dévorant ses larmes, allait du chevet de son fils mourant à celui de son mari malade. Dans ces heures si douloureuses, elle montra combien elle était digne du noble cœur dont elle avait sous les yeux les exemples. Elle voulait panser elle-même la plaie horriblement enflammée de son cher patient ; elle refoulait au fond de son âme les angoisses dont elle était torturée pour lui apporter des paroles de calme et d'espoir ; elle surveillait les affaires de la fabrique, entretenait la correspondance, se multipliait en un mot et puisait dans son dévouement la force de suffire à cette lourde tâche. Enfin des jours meilleurs se levèrent. Appuyé sur sa femme et sur son ami, qui était accouru pour passer avec lui ces jours d'épreuve, Wedgwood quitta la chambre où il avait langui si longtemps. On était en été ; l'air, imprégné de suaves senteurs, caressait doucement le visage amaigri du malade et semblait ramener dans son sein la force et la vie. Bientôt il put reprendre la direction des affaires, tandis que Bentley, rassuré complétement, retournait à Londres. En dépit des malheurs qui avaient frappé le chef d'Ivy-House, la renommée de la fabrique s'étendait chaque jour ; il fallait agrandir les ateliers, Wedgwood pensa qu'il était préférable d'aller s'établir ailleurs. Il fit bâtir non loin de Burslem, dans un site admirablement choisi, la nouvelle manufacture qui devait, sous le nom d'Étruria, devenir si célèbre.

Ce fut au mois de juin 1769 que l'on transféra la fabrique dans le local qui lui avait été préparé. L'inauguration, moins pompeuse que celle dont on se croit aujourd'hui tenu d'honorer l'érection de tout édifice, depuis le palais jusqu'à la moindre fontaine publique, offrit pourtant un vif intérêt. Une société nombreuse d'amis et de parents avait été réunie dans les ateliers. Les ouvriers, au nombre de plusieurs centaines, assistaient à la fête. Wedgwood ôta son chapeau, son habit de drap bleu, prit le tablier de travail d'un de ses hommes, et sans changer sa toilette de gentleman, sans retirer son gilet brodé d'or et ses chausses de soie noire, il s'assit devant le tour, tandis que Bentley, vêtu avec l'élégance pleine de distinction qui lui était ordinaire, se mit en devoir de tourner la roue. Un des anciens serviteurs de la maison préparait les pains d'argile, d'autres se tenaient auprès de leur maître pour recevoir ses ordres. Ainsi entouré, Wedgwood, qui n'avait rien perdu de son ancienne adresse manuelle, façonna six vases d'une forme élégante, en corrigea les inégalités à l'aide du tour, et perfectionna son travail autant que le permettait un si court espace de temps. Il conduisit ensuite ses convives sur une pelouse voisine, où une table immense avait été dressée à l'ombre des arbres. Ainsi se termina, au milieu de l'épanchement cordial de l'amitié, cette journée mémorable dans l'histoire de l'art.

Les pièces fabriquées en cette occasion étaient faites d'une tout autre matière que la poterie de la reine; c'était une sorte de basalte artificiel, noir et fort dur, jetant des étincelles sous le choc de l'acier, capable de recevoir un poli parfait, de servir comme pierre de touche pour les métaux, et de supporter sans altération le feu le plus violent. Un de ces vases, qui aujourd'hui encore se trouve entre les mains des descendants de l'illustre potier, porte des figurines antiques du dessin le plus pur. Le sujet, allusion heureuse au maître de l'Étrurie nouvelle, représente Hercule et ses compagnons dans le Jardin des Hespérides. De même que le héros grec, après de longs travaux,

parvient à cueillir le fruit d'or, de même Wedgwood,
entré enfin dans le domaine immortel de l'art, y ré-
coltait les fruits, plus précieux et plus beaux mille
fois que ceux de la Fable, dont il devait enrichir la
postérité.

C'est ce retour vers le goût sévère des anciens qui
avait engagé Wedgwood à donner à sa fabrique le
nom du pays d'où sont sortis tant de modèles admirables; il étudiait avec une ardeur passionnée les
vases étrusques, les coupes antiques, et souvent ses
imitations heureuses égalèrent les chefs-d'œuvre dont
il s'était inspiré; mais là ne se bornaient pas ses travaux. La nature offrait à ses regards un champ bien autrement fécond que les ouvrages produits par la main
des hommes. Ayant toujours vécu à la campagne, il
avait appris à en sentir le charme puissant. Bien des
fois, lorsqu'il revenait à sa maison d'Ivy-House, après
de pénibles et ennuyeuses démarches, il avait oublié
le tracas des affaires à la vue d'une simple fleurette
suspendue aux branches d'un buisson, ou se balançant
au-dessus d'un ruisseau. Absorbé dans la contemplation d'un myosotis, d'un liseron ou d'un bouton d'or,
il admirait avec quelle science merveilleuse la nature
varie les couleurs et les formes, mélange harmonieu-
sement les teintes. Il aimait à dessiner des mousses,
des feuillages, des tiges fleuries. Cette étude lui inspira
l'idée d'une application nouvelle de son art. Jusqu'a-
lors on s'était occupé fort peu de fabriquer des vases
propres à contenir des bouquets. Ce genre de poterie
fut une des créations de Wedgwood; il y apporta son

rare talent, son goût exquis et les œuvres qu'il a laissées sont restées sans rivales.

Ces gracieux modèles trouvaient à Londres un concours empressé d'acheteurs; le dépôt de la manufacture d'Étruria venait d'être transporté à Chelsea, un des plus riants faubourgs de la grande ville; mais cet éloignement du centre ne nuisait en rien à là vogue dont jouissait Wedgwood auprès de l'aristocratie anglaise. Bentley avait sa part dans le succès si bien mérité de son ami; son talent littéraire, l'ardeur généreuse avec laquelle il défendait les plus nobles causes, combattait l'esclavage et soutenait en toute occasion les vrais intérêts du pays, lui avaient valu l'estime de tous les hommes célèbres de l'époque; son luxe, sa belle prestance, ses manières distinguées triomphaient de l'humeur parfois un peu hautaine de ses nobles clients; Chelsea devint le rendez-vous favori des seigneurs et des grandes dames. Pendant que Bentley montrait un vase sous son jour le plus favorable, qu'il attirait l'attention sur un bas-relief, racontant les scènes empruntées à la mythologie ou à l'histoire que l'artiste avait représentées, les duchesses écoutaient attentivement, souriaient et, ce qui valait mieux encore, achetaient; puis, rentrées chez elles, portaient aux nues ce Wedgwood dont elles avaient appris à connaître le rare mérite.

Ainsi, en dépit de toutes les traverses qui avaient si souvent suspendu ses travaux, Josiah marchait d'un pas ferme vers le but qu'il s'était tracé. La maladie, qui avait affaibli son corps, avait doublé les

forces de son âme. Après chaque secousse nouvelle,
il se relevait avec une invincible persévérance, et,
pareil au philosophe antique, il semblait défier la douleur de l'abattre; mais son courage, puisé dans les
croyances chrétiennes, n'avait rien de l'austère in-
flexibilité des stoïciens; ce n'était pas l'effort d'une
volonté qui se raidit pour n'être pas vaincue, c'était
un sentiment doux et fort comme le principe d'où il
découlait. Quoiqu'il eût déjà payé largement sa dette
envers la souffrance, il allait bientôt offrir une fois
encore l'admirable exemple de sa résignation en face
de l'épreuve. Quelque temps après l'inauguration de
la manufacture d'Étruria, il fut en danger de perdre
la vue. Ce nouveau coup, plus terrible que les autres,
puisqu'il menaçait de briser son avenir et d'enfermer
dans d'éternelles ténèbres cet homme qui ne vivait
que par la contemplation du beau, ne put cependant
l'ébranler. Pour comble d'infortune, sa femme, qui
lui servait de secrétaire, et dont l'intelligente tendresse lui adoucissait l'amertume des jours mauvais,
fut obligée de le quitter pour soigner son père dangereusement malade. Ni la solitude, ni la douleur n'ar-
rachent à Wedgwood un murmure. Rien n'est plus
touchant, rien ne fait mieux ressortir la grandeur de
cette nature d'élite que les lettres adressées par lui
à son ami Bentley pendant cette crise affreuse.

« Quelle que soit, écrit-il, l'issue de ma maladie, je
me prépare à l'accepter avec résignation. C'est ce
que j'ai toujours essayé de faire quand j'ai été frappé
de malheurs contre lesquels la prévoyance demeure

impuissante. Je m'exerce maintenant *à voir avec mes doigts* et je suis devenu assez habile dans cette science pour un homme qui a commencé si tard. Le plus difficile sera de marcher. Comment, avec une seule jambe, me diriger au milieu de l'éternelle obscurité qui m'entoure? »

Il avait pris la précaution d'initier Bentley à tous ses procédés, afin que cet ami fidèle pût à sa place diriger la fabrique. Comme il le disait avec la simplicité charmante qui lui était ordinaire, il s'essayait à suppléer à la vue par la délicatesse du toucher; en promenant avec attention ses doigts sur les moulures d'un vase, d'une coupe, d'une jardinière, il apprenait à juger du dessin et à se rendre compte de l'ensemble.

Mais la Providence, qui avait multiplié pour Wedgwood les occasions de se montrer aussi grand par le cœur et par la sincérité de sa foi, qu'il l'était par les facultés de l'esprit, ne devait pas exiger ce dernier sacrifice. Mistress Wedgwood était revenue, après avoir laissé son père en voie de convalescence; le mal recula devant les soins assidus dont elle entoura son mari, et l'Angleterre conserva l'éminent inventeur qui avait failli lui être enlevé au moment où il arrivait au plein développement de son génie.

CHAPITRE IV

Flaxman. — Un génie lent à éclore. — Railleries. — Persévérance. — « Vous avez tué votre talent. » — Résolution généreuse d'Anne Denman. — Rome. — Le vase de Portland.

Ce fut vers la fin de cette année que Bentley mit la fabrique d'Étruria en rapport avec le célèbre artiste dont le nom reste si étroitement attaché à celui de Wedgwood. La manufacture manquait d'un modeleur pour les œuvres fines et délicates qui éclosaient chaque jour dans la riche imagination de son maître. On n'a pas conservé la lettre dans laquelle Bentley annonçait que ce vide était enfin comblé ; il est probable néanmoins qu'il vantait hautement les mérites de son protégé, car Josiah lui répondit : « Je suis charmé que vous ayez trouvé en Flaxman un homme si éminent ; je l'ai vu il y a quelques années ; il ne promettait pas beaucoup alors, mais il aura sans doute mis le temps à profit. » Wedgwood ne tarda pas à reconnaître lui-même la valeur de l'artiste dont il avait conçu d'abord une si pauvre opinion. En 1776, il l'appelait avec enthousiasme le génie de la sculpture.

John Flaxman était un de ces hommes dont il est impossible de juger à première vue le mérite. Fils d'un humble marchand de figurines de plâtre, il eut une enfance tellement maladive que, jusqu'à l'âge d'environ douze ans, on put voir chaque jour son pâle et chétif visage appuyé sur des oreillers, derrière le comptoir de son père; mais cette frêle enveloppe cachait une âme vaillante, une intelligence noble et haute. Seul et sans maître, il s'amusait à dessiner et à lire. Un acheteur, touché de sa studieuse attention, lui demanda ce qui l'intéressait si vivement; c'étaient les vies des grands capitaines, par Cornelius Népos. « Je vous donnerai un livre meilleur, » lui dit avec un sourire le bienveillant gentleman. Le lendemain en effet, il apportait à John les œuvres d'Homère. L'enfant se mit à cette lecture avec une ardeur bien au-dessus de son âge. Ce fut à partir de ce moment qu'il s'éprit pour l'antiquité de l'admiration qui plus tard devait lui faire produire tant de chefs-d'œuvre. L'héroïsme qui respire dans les pages éloquentes de l'Iliade enflamma son esprit enthousiaste; l'ambition lui vint de revêtir d'une forme visible les majestueuses créations du poète et souvent on le surprit un crayon à la main, pleurant de désespoir de n'avoir pu représenter les Troyens et les Grecs comme il les voyait dans sa vive imagination.

Ces productions enfantines étaient en effet peu

réussies ; son père les montra un jour à un de ses clients, artiste de mérite, qui se contenta de hausser les épaules.

« Croyez-moi, ne laissez pas votre fils perdre son temps à barbouiller ainsi du papier. »

Mais John avait de la persévérance, et sans perdre courage il se mit à modeler de petites figures d'argile dont plusieurs sont encore aujourd'hui précieusement conservées dans les musées, non qu'elles aient en elles-mêmes quelque valeur, mais parce qu'elles montrent les laborieux commencements et les patients efforts d'un artiste qui devait être une des gloires de l'Angleterre.

Enfin, il put quitter le fauteuil sur lequel il gisait depuis sa première enfance ; quand il essaya de faire quelques pas, il lui fallut s'appuyer d'un bras sur son père, de l'autre sur une béquille. Sa constitution maladive ne diminuait pas cependant son amour du travail ; il apprenait le grec, le latin, et continuait de s'exercer à la sculpture. A quinze ans, il fut admis au nombre des élèves de l'Académie Royale ; sa santé s'était raffermie, ses progrès surprenaient ses maîtres, et quand il concourut pour la médaille d'or, chacun à l'avance le désigna comme le plus digne de fixer le choix des juges. Cette flatteuse espérance ne se réalisa point, un autre obtint le prix à la place ; mais le jeune Flaxman puisa dans cet échec une résolution nouvelle. « Donnez-moi du temps, dit-il à ses maîtres, et je produirai des œuvres que l'Académie sera fière de couronner ! » Par malheur, le commerce de son père prospérait fort peu ; la famille se voyait réduite à une pauvreté voisine de la misère ; Flaxman fut obligé de quitter ses études pour se mettre à un travail qui pût lui donner, non de lointaines espérances, mais un salaire immédiat. Il laissa de côté son Homère, abandonna les régions sublimes de l'art, pour entrer dans les humbles détails du métier ; il plia ainsi son âme à la patience ; la discipline était dure, elle produisit des fruits salutaires.

Le jour où il fut mis en rapport avec Wedgwood, marqua parmi les plus heureux de cette carrière si laborieusement commencée. « Mon ami, lui dit Bentley, qui servait d'intermédiaire entre Flaxman et le grand manufacturier, on m'assure que vous êtes fort habile en dessin et que vous avez une grande richesse d'imagination. Je voudrais quelques modèles pour la fabrique de poterie d'Étruria : rien de capricieux ni de fantaisiste ; des sujets simples, une ornementation sobre et correcte ; trouvez-vous que ce travail soit au-dessous de votre talent ?

— Non certes, monsieur, répondit John, revenez dans quelques jours ; je vous présenterai mes esquisses.

— Fort bien. Rappelez-vous que je suis pressé de les voir ; il s'agit d'un service destiné à l'impératrice de Russie. Songez-y, jeune homme, vos dessins figureront sur la table d'une grande princesse, ajouta-t-il en lui frappant amicalement sur l'épaule.

— Je ferai de mon mieux, monsieur, je vous assure. »

En effet, lorsque Bentley revint, Flaxman avait à

lui montrer toute une série de modèles : c'étaient
principalement de petits groupes en relief dont l'artiste avait emprunté les sujets à la mythologie et
à l'histoire. Un grand nombre d'entre eux égalent par
leur simple beauté les créations que plus tard il devait réaliser en marbre. Pendant plusieurs années
Flaxman, satisfait de pouvoir, par des travaux de ce
genre, subvenir aux besoins de sa famille, mena une
vie paisible, laborieuse et retirée. Grâce à son intelligente direction, le commerce de son père s'était
agrandi ; l'indigence ne se tenait plus à la porte de la
modeste demeure ; Flaxman put songer enfin à son
propre établissement. Il loua un atelier non loin de la
maison paternelle et demanda la main d'une jeune
fille, nommée Anne Denman, qui joignait à un caractère aimable et enjoué les qualités les plus hautes.

On raconte que, peu de jours après son mariage,
Flaxman rencontra le président de l'Académie Royale.

« Eh quoi, mon cher, est-il vrai que vous vous êtes
décidé à prendre femme ? Dans ce cas vous êtes mort,
vous avez tué votre talent ! »

John rentra chez lui rêveur.

« Qu'avez-vous donc ? » lui demanda timidement
Anne.

Le jeune homme lui serra la main dans les siennes
et lui rapporta les paroles qu'il venait d'entendre.

« Les artistes, ajouta-t-il en soupirant, doivent se
consacrer tout entiers à leur œuvre. J'ai voulu faire
un partage ; j'ai trahi la sainte passion de ma jeunesse.

— Quelle idée, John! Loin de nuire à vos travaux, je les encouragerai.

— Hélas! c'est impossible; pour devenir un grand artiste, il faudrait visiter Rome, contempler les chefs-d'œuvre des maîtres, s'échauffer aux rayons de leur génie.

— Eh bien! nous irons à Rome.

— Comment faire? nous sommes trop pauvres.

— Cela me regarde, répondit en souriant la jeune femme; vous ne savez pas, John, les miracles que l'économie est capable de produire. Croyez-moi, Anne Denman n'aura pas tué votre talent. »

Les épargnes d'un pauvre ménage ne grossissent pas vite; le jeune couple aurait sans doute bien long-temps attendu avant de pouvoir réaliser le projet poursuivi avec tant d'ardeur, si Wedgwood n'eût fait à Flaxman une commande importante et ne l'eût payée avec une libéralité digne du mérite de l'exé-cution.

Enfin le jeune artiste et sa femme, le cœur gonflé de joie, partirent pour la ville de Rome. La vue des admirables modèles de l'antiquité, jointe à l'étude as-sidue des maîtres de l'école moderne, développèrent le talent jusqu'alors demeuré en germe dans l'âme de Flaxman, pareil à une belle fleur qui pour s'ouvrir a besoin des rayons fortifiants du soleil de midi.

La valeur incontestable de ses ouvrages lui attira une foule d'amis et de protecteurs influents, car Rome était alors, non la capitale d'un royaume plus ou moins puissant, mais la ville éternelle, la métropole

de la religion et des arts. Les étrangers, particulièrc-
ment les Anglais, y affluaient en grand nombre.

Quand Flaxman revint à Londres, sa renommée l'y
avait précédé : l'Académie Royale tint à honneur de le
compter parmi ses membres. L'enfant malade dont
les dessins inhabiles avaient provoqué tant de dédain,
était maintenant un maître respecté ; sa parole faisait
loi, ses leçons étaient suivies avec empressement.
Jamais la chaire de sculpture n'avait été remplie par
un professeur plus digne d'un tel emploi, car nul n'est
capable d'instruire les autres s'il n'a lui-même appris,
par d'incessants efforts, à surmonter les obstacles, à
les faire servir à son propre avancement. Quelques rail-
leurs appelèrent ces cours les *Sermons du Révérend
Flaxman;* le plus ardent esprit religieux s'y mêlait en
effet aux plus hautes conceptions artistiques, aux plus
pratiques conseils. Heureux le temps, heureux le pays
où la jeunesse est formée par de tels maîtres !

Malgré la distance qu'un séjour prolongé à Rome
avait mise entre Wedgwood et son illustre protégé,
des relations fréquentes avaient continué· d'exister
entre eux. Flaxman, placé au foyer de l'inspiration,
envoyait ses plus beaux dessins et même dirigeait
les travaux des autres modeleurs employés à la fabrique. Parmi ces derniers, quelques-uns, dont les
noms sont restés obscurs, avaient cependant un mérite incontestable, car une grande partie de leurs œuvres, bustes, bas-reliefs, camées, ont été longtemps
attribués à Flaxman, erreur qui, reconnue aujour-
d'hui, est leur plus beau titre de gloire.

Il serait trop long de donner la liste des ouvrages qui, pendant ces années fécondes, sortirent de la manufacture d'Étruria. La poterie qui le plus souvent servait à ces délicates créations, était le jaspe, l'une des plus originales et des plus heureuses inventions de Wedgwood. C'est un biscuit blanc, d'une admirable beauté, qui possède la faculté singulière de recevoir, par le mélange de la poudre métallique appelée *calcine* avec les autres éléments dont il est composé, les couleurs les plus variées et les plus riches ; ces qualités le rendent propre à imiter les camées, à produire des portraits et des bas-reliefs, le fond pouvant être d'une couleur déterminée, tandis que les figures demeurent d'une blancheur parfaite. Il fallut bien des recherches pour arriver à ce résultat ; ce fut seulement en 1785 que la poterie nouvelle atteignit une perfection complète. Une lettre écrite l'année suivante par Wedgwood à sir William Hamilton nous apprend avec quelle prudente lenteur l'opération devait être conduite. « Je vous rappellerai, dit-il en parlant d'ouvrages en jaspe exécutés pour le roi de Naples, qu'ils ont demandé beaucoup de temps et beaucoup de peine : la moindre feuille a nécessité un moule particulier ; puis il a fallu reporter sur le vase, avec d'extrêmes précautions, les divers ornements, et enfin les faire terminer par un habile artiste. Mais j'ai toujours pour règle de n'épargner ni soins, ni dépenses pour obtenir des œuvres irréprochables. »

Le noble seigneur auquel il écrivait ainsi avait, peu

d'années auparavant, acheté à une famille italienne
le célèbre vase qui devait être l'occasion d'un des
plus beaux triomphes de Wedgwood. Cette magnifique
œuvre artistique, connue aujourd'hui sous le nom de
vase de Portland, avait été découverte en 1623, dans
un sarcophage enfoui à trois milles de Rome, sous
un monticule de terre. Sir William Hamilton l'avait
rapporté d'Italie, puis vendu à Marguerite de Portland. La duchesse étant morte en 1785, sa collection
d'antiques fut mise aux enchères et, entre autres objets de grande valeur, se trouvait le vase. Wedgwood,
qui l'avait vu chez sir Hamilton et s'en était épris,
résolut de l'acquérir ; il voulait se mesurer corps à
corps avec l'art des Étrusques, et savoir si les ressources de la poterie moderne lui permettraient de reproduire les œuvres les plus excellentes de l'ancienne
Italie.

Une fois sa décision prise, il n'était pas homme à
s'en laisser détourner par une question d'argent ; la
résolution était pourtant hardie, car il allait avoir
pour adversaires les premiers noms de l'aristocratie
anglaise. Son concurrent le plus redoutable fut le
duc de Portland, fils de la duchesse Marguerite. Les
offres montèrent rapidement et bientôt les deux acheteurs se trouvèrent seuls à poursuivre l'enchère.

« Huit cents livres sterlings ! (20,000 francs) s'écria
le duc.

— Huit cent cinquante ! riposta Wedgwood.

— Neuf cents ! reprit le jeune lord.

— Mille ! » dit le manufacturier d'une voix calme.

Le duc étonné s'avança vers Wedgwood.

« Quel motif vous pousse à désirer ce vase? lui demanda-t-il; vous avez certainement une raison pour offrir une somme aussi élevée. »

Wedgwood avoua quelle était son intention.

« Eh bien, répondit le jeune lord, laissez-moi ce souvenir de famille, ma mère y attachait un grand prix; mais le premier usage que j'en ferai sera, croyez-le bien, monsieur, de le remettre entre vos mains; vous le garderez jusqu'à ce que vous ayez terminé le travail qui vous tient si fort au cœur. »

Ce moyen de conciliation fut accepté avec autant de cordialité qu'il était offert. Le duc devint acquéreur du vase, et Wedgwood l'emporta dans le Staffordshire. Il concentra aussitôt toutes les ressources de son esprit sur les moyens à prendre pour arriver à l'imitation parfaite de ce chef-d'œuvre. En même temps, une liste fut ouverte pour tous ceux qui pouvaient désirer un exemplaire de la copie; elle fut bientôt couverte de cinquante noms, quoique Wedgwood, avec une rare sincérité, eût prévenu le public qu'il doutait lui-même de la complète réussite de son entreprise; mais il laissait les souscripteurs libres de prendre ou de refuser ses vases lorsqu'ils seraient terminés. Comme chacune des pièces exigeait un long travail, il s'écoula un temps considérable avant qu'elles fussent livrées aux amateurs. Dans l'intervalle, les procédés imaginés par Wedgwood changèrent plusieurs fois, de sorte que les spécimens qui nous sont restés varient beaucoup d'exécution et de couleur; tous cependant sont remarquables par le soin minutieux, le goût, l'excellence de la fabrication : aussi les frais furent-ils loin d'être couverts par les produits de la vente; mais Wedgwood avait atteint le but qu'il se proposait : il avait montré que l'art britannique ne le cédait alors à celui d'aucune autre nation.

Nous ne pouvons nous dispenser non plus de dire quelques mots du pyromètre, invention qui valut à Josiah l'honneur d'être nommé membre de la *Royal Society*. Dès sa jeunesse, il avait cherché avec une infatigable persévérance un procédé qui permit de constater, d'une manière certaine, à quel degré de chaleur la poterie est soumise dans le four. La moindre erreur sur ce point peut avoir les résultats les plus fâcheux, causer la perte des œuvres les mieux réussies. Les premiers moyens imaginés par son esprit créateur laissaient encore beaucoup à désirer; ce fut seulement vers la fin de sa carrière qu'il trouva une solution plus satisfaisante. Le pyromètre est formé de deux règles de cuivre qui, au lieu d'être parallèles, vont en se rapprochant l'une de l'autre; elles sont fixées sur une plaque de même métal et l'une d'elles a été divisée en 240 degrés. On prend de petits cônes d'argile, de dimensions égales; tous ont juste la grosseur nécessaire pour entrer à l'endroit le plus large de l'intervalle laissé entre les deux règles, endroit qui correspond à zéro. On expose au feu un des cônes; quand on le retire, il est devenu plus petit, car l'argile a la propriété de diminuer de volume dans une proportion égale au degré de chaleur qu'elle a dû subir ; le cône glisse donc dans la filière formée par les règles, le point où il s'arrête mesure sa contraction, et par conséquent la température à laquelle il a été soumis.

Les dernières années de Wedgwood furent remplies d'amertume ; la mort lui enleva Bentley, l'âge et le chagrin affaiblirent sa santé, toujours si chancelante. En 1790, il dut laisser à ses fils la direction de la fabrique d'Étruria. Pour que cet inventeur infatigable se résignât au repos, il fallait que la vie fût bien près de s'éteindre en lui. En 1794, une enflure légère s'étant manifestée à sa joue, il en attribua la cause à une dent malade ; mais l'opérateur qu'il avait appelé pour la lui extraire, découvrit avec une extrême consternation les symptômes trop évidents de la gangrène. Le mal fit de rapides progrès, l'inflammation gagna la gorge, la faiblesse augmenta. En vain les docteurs, accourus en hâte de Derby, lui prodiguèrent leurs soins, rien ne put le sauver. Pendant les premiers jours, ses souffrances furent atroces ; peu à peu l'insensibilité, prélude de la mort, mit un terme à ses tortures, et ce fut dans cet état de torpeur que, le 3 janvier 1795, il sortit d'un monde où son passage avait été marqué par tant de travaux et de bienfaits.

Son patient génie avait ouvert à l'industrie anglaise une ère nouvelle ; il avait fait revivre le principe de l'art grec, il en avait compris l'unité féconde. Le cachet particulier qu'il s'attachait à donner à toutes ses œuvres était l'exquise beauté de la forme,

beauté que nul peut-être en Angleterre n'a jamais
égalée. La nature lui avait départi un sentiment très-
délicat et très-fin de l'harmonie des lignes et des
contours ; mais cet heureux don n'eût point produit
tant de créations suaves et charmantes sans l'étude
assidue des modèles laissés par les maîtres. « Tant
vaut l'ouvrier, tant vaut l'œuvre. » L'admiration ac-
cordée au mérite n'est que stricte justice, car il faut,
pour mûrir les fruits du talent, un ensemble de qualités morales qui seules auraient droit à notre respect. Il est donc profitable d'examiner le caractère des
hommes qui ont changé la face d'un art ; l'histoire de
ces nobles esprits est un encouragement à la persévérance, à l'infatigable labeur, sans lesquels le
génie lui-même reste stérile.

Ces fortifiants exemples ont une autorité plus touchante et plus irrésistible encore lorsque celui qui les
donne a dû, comme Wedgwood, surmonter les obstacles sans cesse renaissants que la maladie apporte à
l'essor de la volonté. Ainsi que l'a dit un penseur, « il
est quelque chose de plus beau que la nature, de
plus beau que l'art, de plus beau que la science, c'est
l'homme plus fort que la douleur. Ce qui est grand de
la grandeur suprême, c'est la résignation courageuse,
l'espérance indestructible, le devoir fermement accompli. » Cette gloire, Wedgwood l'a méritée ; elle
entoure d'une pure auréole le front de l'immortel artiste.

FRÉDÉRIC BÖTTGER [1]

CHAPITRE Ier

La pierre philosophale. — Un alchimiste au XVIIe siècle. — Rêve de grandeur. — Le lit de mort. — Berlin. — Le vieux moine grec. — Recette mystérieuse. — Épreuve décisive.

Malgré les recherches dont la fabrication de la porcelaine était l'objet depuis plusieurs siècles, nul n'avait encore réussi à découvrir la précieuse substance qui sert de base à la poterie chinoise. En vain d'infatigables artistes, des savants illustres avaient combiné dans leur creuset des matières de toute sorte :

1. Böttger naquit en 1685 : cette biographie devrait donc, d'après l'ordre des dates, être placée avant celle de Wedgwood ; nous l'avons néanmoins réservée pour la dernière, parce que le potier allemand, plus heureux que son illustre rival, réussit à fabriquer la véritable porcelaine ; mais le secret de sa découverte fut gardé si soigneusement, qu'il demeura ignoré du reste de l'Europe pendant plus d'un demi-siècle.

ils s'étaient approchés plus ou moins du but ; ils ne l'avaient pas atteint. Les majoliques italiennes reflétaient l'art antique, les œuvres de Bernard Palissy reproduisaient l'admirable variété de la nature : l'Orient restait inimitable. Qui donc allait lui arracher ses secrets ? Quel puissant génie devait doter l'Europe d'une découverte poursuivie avec tant de persévérance et qui toujours se dérobait aux mains avides de la saisir ? Chose étrange ! cet heureux inventeur est resté presque inconnu ; peu de personnes savent aujourd'hui qu'il s'appelait Frédéric Böttger. C'est que les hommes d'une trempe exceptionnelle, ceux qui par leur vertu, leur science ou leur talent se sont élevés au-dessus de leurs semblables, sont les seuls dont la mémoire s'impose d'elle-même à l'admiration de la postérité. Le chimiste allemand qui fonda la grande fabrique de porcelaine de Saxe, ne possédait point ces hautes qualités morales et intellectuelles ; mais la singularité de son histoire, les malheurs dont sa courte existence a été remplie, sont des titres qui doivent le faire sortir de l'oubli où il reste plongé. Si son exemple ne peut être offert comme un modèle à suivre, sa vie nous fournit un curieux tableau des idées et des mœurs de son temps ; elle renferme des avertissements salutaires, car elle montre les périls qu'entraîne une imagination aventureuse et trop ardente.

De tout temps l'homme s'est plu à demander l'accomplissement de ses désirs à des agents mystérieux et surnaturels. Connaître l'avenir, prolonger la vie, rendre à la vieillesse la force et la santé, com-

mander aux êtres invisibles, changer le plomb en
or, tels ont été les rêves dont l'humanité a bercé
constamment sa misère. Cette crédulité naïve nous
fait aujourd'hui sourire ; mais ne soyons pas trop fiers
des progrès plus ou moins contestables de notre
raison ; le surnaturel est un besoin pour l'homme :
quand il ne le cherche pas dans les vérités religieuses,
il s'efforce de le trouver dans les songes d'une imagination malade ; l'astrologie, la nécromancie, la poursuite de la pierre philosophale ont fait place aux tables tournantes et aux esprits frappeurs.

Au moyen âge, les alchimistes, — ainsi se nommaient
les prétendus savants qui s'efforçaient de changer en
or les plus vils métaux, — allaient de ville en ville, de
cour en cour. C'étaient pour la plupart des Italiens
qui parcouraient le monde en cherchant aventure.
Chassés de Rome, ils trouvèrent un refuge dans la
nébuleuse Allemagne. A Prague, l'empereur Ro-
dolphe II les combla de faveurs ; il engloutissait des
sommes énormes au fond des creusets, ou demandait
aux astres la révélation des destinées humaines.
Plongé dans ses travaux mystérieux, il restait insensible aux choses de la terre et laissait s'amasser les
nuages d'où devait sortir une longue tempête, la
guerre de Trente Ans.

Les préoccupations belliqueuses de cette sanglante
époque ne firent point abandonner les sciences occultes. Plus la nation était appauvrie par des luttes incessantes, plus chacun ajoutait foi aux merveilleuses
histoires des richesses obtenues par un pouvoir sur-

naturel ; plus les revenus des princes diminuaient, plus ils désiraient les accroître en attirant auprès d'eux les adeptes de l'*art sacré*, c'est-à-dire de l'alchimie. Presque toutes les résidences seigneuriales renfermaient des laboratoires, où l'on travaillait secrètement « au grand œuvre ». Des hommes parfois fort ignorants, mais cupides et audacieux, faisaient des rois eux-mêmes les instruments dociles de leur volonté ; ils flattaient le caprice du moment et tiraient ainsi de leurs dupes des sommes considérables. Ils jouaient là un jeu qui n'était pourtant pas sans péril. Doutant de la science ou du bon vouloir de son maître, plus d'un disciple couronné perdit patience, et les malheureux alchimistes se virent souvent condamnés à la prison, voire même à la mort. Aussi ces sages, qui n'ignoraient pas le danger de leur position, changeaient souvent de demeure et n'attendaient pas, pour fuir, que leur charlatanisme fût reconnu. Ils se seraient bien gardés de faire un long séjour dans un même lieu, car le protecteur qui, pareil au lion de la fable, les caressait d'abord, pouvait montrer ses griffes et les déchirer.

Mais, dira-t-on, quel rapport y a t-il entre l'alchimie, la pierre philosophale et l'inventeur de la porcelaine ? L'art de la poterie n'a jamais rien eu de surnaturel et sûrement, pour fabriquer un vase, il n'est pas besoin d'avoir recours aux sciences magiques. Non sans doute ; mais Böttger n'était pas un potier, c'était un alchimiste : il voulait faire de l'or, il ne songeait pas à découvrir les procédés de la Chine et du Japon. Son

père, qui pendant plusieurs années remplit dans le
comté de Reuss les fonctions de directeur de la monnaie, était un adepte fervent et convaincu du grand
Art ; loin de ressembler aux aventuriers qui exploitaient la crédulité publique, il consacra sa vie entière
à la recherche de la pierre philosophale, et initia de
bonne heure son fils à ses études favorites. L'enfant,
d'un caractère enthousiaste, recevait avidement ces
dangereuses leçons ; ses grands yeux bleus s'animaient d'un feu étrange quand l'alchimiste, posant
sur sa blonde chevelure une main amaigrie par les
veilles et les fatigues, lui disait :

« Tu seras plus grand qu'un roi, mon fils, car tu
disposeras à ton gré des richesses de la terre. »

Cette préoccupation incessante, ce labeur assidu,
minaient sourdement les forces du vieillard ; peu de
temps après, le petit Frédéric, qui n'avait pas encore
dix ans, s'agenouillait devant un lit de douleur et recevait en pleurant la bénédiction paternelle. Sa mère,
pâle et muette, se tenait auprès de lui. Fixant sur son
fils un regard plein d'amour, le mourant remit à sa
femme un pli cacheté. C'était l'unique héritage du
monnayeur, le merveilleux secret qui devait donner à
Frédéric la puissance et la fortune, c'était une recette pour faire de l'or.

Les impressions reçues dans l'enfance influent ordinairement sur la vie entière. Le fils de l'alchimiste
s'interrompait parfois, au milieu des jeux bruyants de
son âge, pour se retirer dans le petit laboratoire témoin des travaux de son père ; il essayait de renou-

veler lui-même les expériences, et croyait encore entendre la voix aimée qui lui disait : « Tu seras plus grand qu'un roi. »

Cependant la mère de Frédéric, jeune encore et fort belle, fut recherchée en mariage par le major Tiemann, homme d'un esprit positif, d'un cœur droit et loyal, à qui elle accorda bientôt sa main. Le nouveau chef de la famille, charmé de l'esprit et de la gaieté du jeune Böttger, éprouva tout d'abord pour lui une vive amitié; mais il reconnut aussi combien il était dangereux pour cet enfant de rester dans la maison paternelle, où tout rappelait les décevantes études qui avaient conduit son père au tombeau.

Sur ces entrefaites, le major reçut la visite d'un officier de ses amis qui arrivait de Berlin. L'étranger fit de la grande ville, de la cour de l'électeur et des sociétés scientifiques qui venaient de s'y former, de si pompeuses descriptions que l'imagination de Frédéric s'enflamma : « Oh! combien je serais heureux, s'écria-t-il, si je pouvais voir ces belles choses et me trouver au milieu de ces savants! » Son vœu ne tarda pas à se réaliser. Böttger, recommandé par l'officier, fut envoyé comme apprenti chez un des pharmaciens les plus renommés de Berlin. Il quitta, le cœur un peu gros, les lieux où s'était écoulée son enfance et monta dans le coche. La distance de Schleitz à Berlin n'est pas fort longue, un chemin de fer la parcourrait aujourd'hui en quelques heures; mais, à la fin du dix-septième siècle, il fallait, pour la franchir, plusieurs jours d'une locomotion lente et pénible; Frédéric accueillit donc avec un cri de joie ces paroles prononcées par un de ses compagnons :

« Enfin ! nous approchons de la ville. »

L'enfant se pencha vivement au dehors, mais il n'aperçut qu'une rivière, la Sprée, dont les eaux coulaient tristement au milieu d'une plaine sablonneuse. Son cœur se serra comme par un pressentiment douloureux ; cette impression cependant s'effaça vite lorsqu'il arriva devant le magnifique château de l'électeur de Brandebourg, château qui, disait-on, ne devait pas tarder à devenir résidence royale, car Frédéric-Guillaume Ier, ambitieux et plein d'astuce, comptait bien, en retour des services rendus à l'empereur Léopold, faire ériger sa principauté en royaume.

Böttger trouva dans le pharmacien Zorn un maître indulgent qui lui pardonnait les étourderies et la vivacité de son âge en faveur de son intelligence et de son zèle pour le travail. Malheureusement Frédéric jouissait chez son patron d'une liberté qui finit par lui devenir fatale ; un de ses jeunes camarades lui parla d'un mystérieux vieillard, arrivé nouvellement dans la ville et dont les allures singulières excitaient la curiosité de tout le voisinage. Il sortait peu, ne s'entretenait avec personne et portait toujours rabattu sur son visage l'épais capuchon de sa robe de moine. On disait que ses relations avec l'Esprit des ténèbres l'avaient fait chasser d'un couvent de Jérusalem et qu'il tenait de Satan lui-même le secret de fabriquer de l'or. Böttger tressaillit à ces mots.

« Satan, s'écria-t-il, n'est pour rien dans l'alchimie! Mon père, le meilleur et le plus pieux des hommes, s'appliquait au grand œuvre ; il était près de réussir lorsque la mort nous l'a enlevé. Quant à ce moine, ajouta-t-il tout bas, il faut que je le voie et que je sache si ce qu'on dit est véritable. »

Quelque temps après, un grand changement se fit dans le caractère de Frédéric ; lui, si gai autrefois, devint rêveur et distrait, ses manières étranges lui attiraient les railleries de ses camarades, son application au travail avait fait place à l'ennui et au dégoût, et sa préoccupation faillit plus d'une fois devenir fatale aux clients de maître Zorn. Livré tout entier à une pensée absorbante, l'élève en pharmacie confondait les médicaments, au mépris des lois du Codex et au grave préjudice des malades. Des plaintes nombreuses s'élevèrent contre lui ; Zorn, furieux, menaça de le chasser. Insensible aux moqueries comme aux reproches, Böttger ne songeait qu'à profiter des leçons du mystérieux inconnu. Il disparut un jour et pendant plusieurs mois on ignora où il était. S'il faut en croire la légende, le vieux moine grec, sur le point de continuer son pèlerinage, avait remis à son enthousiaste disciple une fiole remplie de la liqueur précieuse qu'il avait composée, et dont une seule goutte suffisait pour convertir en or une énorme quantité de plomb et de mercure. En faisant la part du merveilleux attaché à ces traditions anciennes, il est permis de croire que Böttger et son maître étaient parvenus à fabriquer un métal ayant quelque ressemblance avec l'or, et dont la nouvelle substance appelée aujourd'hui *oréide* ou bronze d'aluminium peut donner une idée. Ce furent probablement les espérances éveillées par un tel résultat qui décidèrent Frédéric à quitter le pharmacien Zorn, et à s'établir dans un faubourg de Berlin avec un de ses amis, un jeune homme nommé Siebert, que les promesses trompeuses de l'alchimie avaient également fasciné.

Les illusions des deux adeptes ne tardèrent pas à s'évanouir : au lieu des richesses qu'ils avaient rêvées, ils trouvèrent une misère profonde. Böttger résista longtemps aux conseils de cette rude institutrice ; mais enfin, à bout de forces et de patience, n'ayant plus un kreutzer pour acheter du pain, il revint chez son patron, et lui dépeignit sa détresse. Zorn, qui l'aimait sincèrement, consentit à le reprendre, sous la condition toutefois qu'il abandonnerait ses mystérieuses expériences. Pressé par la nécessité, Böttger engagea sa parole, et d'abord il la tint fidèlement. Mais quoi ! Être arrivé si près du but, et renoncer à la gloire qui récompensera ses travaux ? La tentation était trop forte pour lui. Le souvenir de sa promesse, la crainte d'encourir de nouveau la colère de son patron, l'arrêtèrent quelques semaines, puis il trouva moyen d'étouffer la voix de sa conscience. Quand il serait riche et célèbre, ne reconnaîtrait-il pas bien mieux les bienfaits de Zorn ? La gratitude même lui ordonnait de poursuivre son œuvre. Le pauvre enfant foulait ainsi aux pieds l'obéissance envers son maître et la fidélité à la parole donnée. Il ne savait pas qu'il ne nous est jamais permis de substituer à des devoirs formels notre fantaisie particulière ; combien n'eût-il pas été plus heureux si, au lieu de lui apprendre les mystères dangereux de l'alchimie , un père sage lui eût enseigné les simples principes de la morale éternelle ! Il reprit donc ses études secrètes et parvint même à gagner un des apprentis et un ouvrier de la maison. Ils s'enfermèrent la nuit tous les trois dans le laboratoire et, d'après la légende, ils réussirent à produire un peu d'or en mélangeant une faible quantité de poudre rougeâtre avec du plomb fondu dans un creuset. C'était sans nul doute une combinaison chimique dont la ressemblance avec le précieux métal qu'ils voulaient obtenir les trompait eux-mêmes.

Frédéric écrivit à sa mère pour lui apprendre ce succès ; il lui exprimait en même temps un extrême désir de voir abréger la durée de son apprentissage. Malgré les remontrances de son second mari, le major Tiemann, qui considérait la prétendue découverte de Frédéric comme le rêve d'un esprit malade, Mme Tiemann se rendit à Berlin ; elle fit auprès de Zorn de si vives instances que le patron consentit à remettre la dernière année d'apprentissage, et donna le rang d'élève pharmacien au jeune Böttger.

Notre enthousiaste, âgé de seize ans seulement, acquit ainsi dans la maison une certaine importance. Mme Tiemann, fière des merveilleux résultats que lui avait annoncés son fils, en avait parlé avec l'accent d'une conviction profonde. Zorn, surpris, quoique incrédule encore, se laissa persuader d'assister à une des expériences du jeune alchimiste. Le 1e octobre

1701, quatre personnes se trouvaient après souper
réunies dans le laboratoire de Zorn : c'étaient le pharmacien, sa femme, son beau-frère et un pasteur de
ses amis, M. Winkler. Böttger apporta un creuset, le
plaça sur le feu et pria l'un des assistants d'y déposer
lui-même le métal. Le pasteur prit 18 groschen (pièce
de cuivre valant à peu près 12 centimes), et les mit
dans le récipient ; il se chargea d'attiser lui-même le
feu, de manière à rendre toute supercherie impossible. La monnaie étant fondue, Böttger tira de sa
poche une petite fiole qui contenait de la poudre
rouge, il en donna une pincée à M. Winkler, lui re-
commandant de l'envelopper dans du papier et de la
jeter au milieu du métal en fusion.

Quelques minutes se passèrent dans un silence
solennel. Frédéric s'était retiré un peu en arrière
des assistants, près d'une lampe qui éclairait vivement son visage. Un sourire moqueur errait sur
ses lèvres, une indéfinissable expression d'embarras, de malice et de défi se lisait dans ses yeux, qui
se portaient alternativement sur tous les témoins de
cette scène étrange. Le pharmacien, grave et re-
cueilli, ne quittait pas le creuset du regard, tandis
que le pasteur se frottait les mains et secouait la tête
d'un air qui signifiait clairement : « On ne me trompe
pas, moi ! si nous trouvons de l'or, je l'irai dire à
Rome ! »

Enfin on retira le creuset. O surprise ! ô stupeur ! il
contenait un lingot d'or. Le pasteur devint pâle, il
pensait avoir assisté à une conjuration diabolique.

« Il y a de la sorcellerie dans tout cela, dit-il à Zorn. Croyez-moi, ne prêtez pas plus longtemps la main à ces manœuvres. »

Le lendemain, à la pointe du jour, le digne homme se rendit chez un changeur, qui essaya le merveilleux métal et déclara que c'était de l'or très-fin et très-pur.

Comment avait pu s'opérer un pareil prodige? D'une façon très-simple, mais qui malheureusement faisait peu d'honneur au caractère de Frédéric : c'était un tour adroit d'escamotage. Ainsi, degré par degré, le jeune homme descendait la pente fatale qui devait le mener à l'abîme. Il avait d'abord poursuivi avec une sincérité complète le décevant mirage de la transmutation des métaux ; un moment il s'était cru arrivé au but; puis, en y regardant de près, il s'était aperçu qu'il n'avait fait qu'imiter l'or d'une manière plus ou moins parfaite. Mais son amour-propre était engagé, il avait poussé son premier cri de victoire, il voulait maintenant soutenir son rôle; « d'ailleurs, se disait-il, ce n'est qu'une affaire de temps ; je suis sur la voie; ce qui est aujourd'hui un mensonge sera demain une vérité. »

Toute la ville fut bientôt instruite du prodige qui s'était accompli chez Zorn : un de ses élèves, presque un enfant, avait trouvé le grand secret. Chaque jour, de nombreux visiteurs accouraient dans la boutique du pharmacien pour contempler le précoce alchimiste. Le bruit de cette nouvelle parvint jusqu'à la cour; Frédéric-Guillaume, qui venait de mettre sur sa tête la couronne royale, s'enquit avec empressement du lieu où l'or avait été fabriqué. On pria Mme Zorn de montrer au prince le métal obtenu en sa présence. Elle fit droit à cette demande avec tout le respect dû au souverain. Celui-ci, en retour, lui envoya une médaille que conservent encore aujourd'hui les descendants de l'apothicaire. Le lingot d'or fut placé dans un tiroir secret, où le roi le garda pendant bien des années; plus tard, on le déposa dans la bibliothèque de Berlin.

Frédéric-Guillaume, ravi d'un évènement qui semblait de si heureux augure pour son règne, avait donné l'ordre de faire venir Böttger à sa cour. Cette nouvelle, comme on le pense bien, fut loin de réjouir le jeune alchimiste; se dérobant aux félicitations de la bonne Mme Zorn, il se retira dans sa chambre et versa des larmes amères. Combien alors il déplorait le succès de sa fraude! Car il n'ignorait pas à quels dangers s'exposaient ceux qui prétendaient connaître « le grand arcane ». Le prince allait le mettre à l'épreuve; il voudrait de l'or, beaucoup d'or, et ne se tiendrait pas pour satisfait du maigre résultat qui avait ébloui le pharmacien et sa femme.

CHAPITRE II

Les Hohenzollern. — Comment on devient roi de Prusse. —
Böttger mis à prix. — L'étudiant de Wittemberg. — Charles XII et la bataille de Narva. — A qui sera la poule aux
œufs d'or?

A partir de ce jour, la vie de Böttger est intimement
liée à l'histoire de son temps; il est donc indispensable,
pour bien comprendre ce qui va suivre, de jeter un
rapide coup d'œil sur la situation de l'Allemagne orientale à la fin du dix-septième siècle.

Berlin, fondée vers 1150 par Albert l'Ours, demeura
pendant cinq cents ans l'obscure capitale de la Marche
de Brandebourg. Ses princes, vassaux soumis de l'Empire, ne prenaient qu'une part fort secondaire aux
évènements qui agitaient le reste de la nation. Ils
avaient pourtant le titre d'électeurs [1], titre qui passa

1. On appelait ainsi les princes d'Allemagne auxquels appar-
tenait le droit d'élire les empereurs : c'étaient les archevêques
de Mayence, de Trèves et de Cologne ; les ducs du Palatinat, de
Brandebourg et de Saxe ; le roi de Bohême.

de leurs mains à celles de l'orgueilleuse maison des Hohenzollern, lorsque, en 1415, le Brandebourg fut vendu à Frédéric, burgrave de Nuremberg. Mais pendant de longues années encore nul ne put soupçonner le rôle que ces despotes ambitieux devaient un jour remplir en Europe. Ils augmentaient leurs États par des achats ou des mariages, souvent aussi par la rapine et la violence, devenaient possesseurs des marches voisines et du duché de Prusse, préparant ainsi, avec une infatigable patience la grandeur de leurs descendants. Grâce à cette politique persévérante, Frédéric-Guillaume Ier, le père de celui qui vivait au temps de notre jeune alchimiste, fut assez fort pour traiter avec les souverains de puissance à puissance. Il se joignit à la Hollande et à l'Espagne contre Louis XIV, combattit les Polonais et les Suédois. Berlin, qui jusqu'alors avait été remarquable seulement par la malpropreté fabuleuse de ses rues, prit peu à peu l'aspect d'une grande ville. Les sociétés savantes se fondèrent, l'Université de Halle et l'Académie des Nobles furent créées pour encourager les sciences et les lettres. Son fils continua son œuvre. Quoique d'un caractère faible, inconstant et prodigue, en même temps que d'une complexion fort maladive, il lui fut donné d'atteindre le but auquel avaient tendu les efforts incessants de ses prédécesseurs. Pour obtenir le titre suprême qui était l'objet de sa convoitise, il lui fallait se concilier le bon vouloir de l'empereur Léopold. Or, ce prince n'avait nulle sympathie pour le pouvoir nouveau qui se levait à l'orient de l'Allemagne. Les démarches faites en 1695 pour sonder ses dispositions avaient amené une réponse fort peu encourageante. « Je ne me soucie pas de créer un second royaume des Vandales, » avait-il dit. Frédéric-Guillaume ne se tint pas pour battu; il dévora en silence l'affront qui lui était fait, jura que rien ne pouvait ébranler son inaltérable dévoûment à l'empire, et ne négligea aucune occasion de montrer son zèle. Sur ces entrefaites, éclata la guerre de la Succession. Pour résister à la fortune de Louis XIV, ce n'était pas trop de l'Europe entière; l'électeur de Brandebourg offrit d'envoyer une armée sur le Rhin; Léopold crut devoir ménager un allié si fidèle; la couronne qu'il avait autrefois dédaigneusement refusée à son vassal, il l'accordait à l'ennemi de la France.

Ce consentement téméraire et impolitique causa néanmoins une surprise générale. En l'apprenant, le prince Eugène s'écria, dit-on : « L'empereur devrait faire pendre les ministres qui lui ont donné un conseil aussi perfide! » Ce profond esprit entrevoyait déjà quelle rivalité, bien autrement dangereuse que celle de la France, Léopold créait à ses héritiers. L'empereur ne fit que rire de ces paroles; enivré de sa propre grandeur, il ne songeait guère à redouter le chétif royaume tombé de ses mains dans un jour de munificence. Il n'aimait pas le caractère rude et grossier des habitants de la Prusse, mais l'idée ne lui était jamais venue de les craindre. L'avenir devait justifier pourtant les prévisions du prince Eugène; l'empire d'Autriche, foulé sous le pied victorieux du descendant des électeurs de Brandebourg, peut aujourd'hui mesurer l'étendue de la faute qu'il a commise : il a dû perdre depuis longtemps ses illusions sur la franchise, l'humeur pacifique, l'amitié fidèle de ses anciens vassaux ; il sait comment une nation ambitieuse et jalouse récompense les bienfaits, et le fonds qu'il faut faire sur la reconnaissance des peuples.

Au mois de janvier 1701, Frédéric-Guillaume se rendit à Kœnigsberg et posa lui-même sur sa tête la couronne royale. Des fêtes furent données en cette occasion ; le monarque de fraîche date, désireux de se placer au niveau des princes ses contemporains, créa l'ordre de l'Aigle Noir, s'entoura de faste et de magnificence. Son palais était somptueux, sa cour splendide, ses chasses les plus brillantes de l'Europe ; il donna un fief de quarante mille écus à un veneur, qui lui avait fait voir un cerf de haute ramure. « Grand dans les petites choses, et petit dans les grandes, » ainsi que l'a dit de lui le plus illustre de ses successeurs, il ignorait ce qui constitue la véritable noblesse de caractère : aussi croyait-il à force de pompe imposer le respect, rehausser sa taille chétive et difforme, et faire oublier à tous qu'il n'était pas né sur le trône.

Mais ce luxe coûtait des sommes énormes ; en vain on avait augmenté les impôts et frappé sans pitié sur le peuple ; le nouveau roi avait ruiné ses sujets, il n'avait pas rempli ses coffres. Quelles furent donc sa joie et son émotion quand il apprit qu'un alchimiste de Berlin avait trouvé le merveilleux secret que cherchaient alors tant de têtes sages ou folles ! Il n'eut plus qu'une seule pensée, un seul désir, s'assurer de la personne de Böttger. Un tel serviteur, pensait-il, le rendrait plus riche que l'Espagne ne l'était devenue par la possession des mines du Pérou, car les gisements d'or s'épuisent, tandis que l'alchimie lui ouvrirait une source intarissable de richesses. Mais Böttger savait trop bien qu'il ne pouvait réaliser les espérances de l'avide monarque ; le jour même où devait avoir lieu sa présentation à la cour, il disparut, pour la seconde fois, de la maison du pharmacien.

Pendant plusieurs semaines, il se tint caché dans la demeure d'un de ses amis, nommé Rœber. Tremblant comme un criminel, il n'osait se hasarder dans la rue que le soir ; le moindre bruit le faisait tressaillir, le pas rapide d'un passant le plongeait dans un mortel effroi ; il se hâtait alors de rentrer à son gîte, et la nuit tout entière s'écoulait sans sommeil. Un matin, Rœber, tout effaré, lui apprit que le roi promettait une récompense de mille thalers à celui qui s'emparerait de sa personne.

Le soir même, deux hommes enveloppés de manteaux sortirent furtivement de la maison de Rœber. L'air était humide et froid ; un épais brouillard empêchait d'apercevoir les objets à dix pas de distance.

« Voilà un temps qui semble fait tout exprès pour nous, dit l'un des mystérieux promeneurs, qu'à l'extrême jeunesse de son visage nous reconnaîtrons aisément pour Frédéric Böttger. Les limiers du roi seront bien fins s'ils parviennent à nous prendre. »

Les fugitifs arrivèrent en effet sans encombre dans un village voisin. Ils frappèrent doucement à la porte d'une maison située non loin de la route, à l'entrée d'une petite ruelle. Sans doute ils étaient attendus, car on vint aussitôt leur ouvrir.

« Les chevaux sont-ils prêts ? demanda Rœber.

— Tout prêts.

— Mais on nous entendra partir, dit Frédéric.

— Bah ! Chacun dort à l'heure qu'il est. D'ailleurs la maison la plus proche est là-bas, au bout de la ruelle.. Ne craignez rien. »

Un pâle soleil d'octobre éclairait Wittemberg lorsque le lendemain, vers midi, Frédéric et son guide entrèrent dans cette ancienne ville saxonne. Son université n'avait pas encore disparu devant le génie absorbant de la Prusse ; elle comptait un nombre considérable d'étudiants et figurait dans toutes les controverses religieuses. Muni d'une lettre de recommandation que Rœber avait eu soin de lui procurer, Frédéric se fit admettre au nombre des élèves ; il croyait pouvoir jouir en Saxe d'une sécurité parfaite, car personne n'y connaissait son nom. Mais il avait compté sans l'âpre convoitise du nouveau roi de Prusse. Peu de jours après son arrivée à Wittemberg, un officier accourait suivi de sa compagnie pour demander son extradition comme sujet de Frédéric-Guillaume.

Le magistrat auquel il présenta sa requête poussa une exclamation de surprise.

« Son extradition ! Et pour quel crime ? »

L'officier avoua que Böttger passait à Berlin pour un fabricant d'or. A ces mots, le noble Saxon dressa l'oreille ; l'affaire était grave , il ne pouvait prendre une décision avant d'en avoir référé à Dresde et reçu les ordres de son gouvernement.

La Saxe obéissait alors à Auguste Ier, prince aussi célèbre par son esprit et ses talents que par sa force herculéenne, sa beauté, les vicissitudes singulières de sa fortune. Brave entre les braves, il avait, en 1695, pris une part glorieuse à la guerre contre les Turcs ; les ennemis, frappés de terreur, lui avaient donné le surnom de « Main de Fer » ; ses sujets l'appelaient le Fort et le Magnanime. Deux ans plus tard, après la mort de Jean Sobieski, Auguste fut élu roi de Pologne. Pour acquérir cette dignité précaire, qui devait appeler sur sa tête tant de malheurs, il avait dépensé des sommes immenses ; ni l'éclat de son nom, ni sa renommée d'habile capitaine, n'eussent suffi à lui conquérir les suffrages, car il était protestant : c'était sous les auspices de la maison de Saxe que Luther avait accompli son œuvre de révolte; et l'on ne pouvait assurément voir sans surprise le chef des réformés d'Allemagne aspirer à devenir le souverain d'une nation catholique. Disons-le à l'honneur des nobles polonais, ce qu'ils avaient refusé aux qualités personnelles de l'électeur de Saxe, ils ne l'accordèrent pas davantage à l'intrigue. Cette malheureuse Pologne qui, par son imprévoyance, ses divisions et ses querelles, préparait sa ruine de ses propres mains, gardait du moins au fond du cœur, comme elle le fait encore aujourd'hui, un inviolable attachement à la foi de ses ancêtres. Auguste vit bien qu'il ne triompherait pas d'une opposition qui prenait sa source dans les sentiments les plus nobles et les plus invincibles de l'âme humaine ; il avait d'ailleurs suivi de trop près les controverses des docteurs de Wittemberg pour avoir le protestantisme en grande estime. Il fit à Bude en Hongrie son abjuration solennelle.

Il ne fut pas longtemps paisible possesseur de ses nouveaux États. Cédant aux sollicitations de l'empereur de Russie Pierre Ier, il entra dans la ligue des nations du nord contre le roi de Suède, le belliqueux Charles XII. Ces secours n'empêchèrent cependant pas le czar d'être défait à là bataille de Narva, et le vainqueur, poursuivant ses triomphes, franchit en 1701 les frontières de la Pologne.

Les choses en étaient là, lorsque notre jeune alchimiste, se dérobant aux recherches de Frédéric-Guillaume, était venu se réfugier à Wittemberg. En l'absence d'Auguste Ier, alors à Varsovie, le prince de Furstenberg remplissait en Saxe les fonctions de régent ; c'est à lui que fut adressée la demande d'extradition dirigée contre Böttger. Le noble seigneur, qui croyait à la transmutation des métaux, prit la chose fort à cœur ; un alchimiste était précisément l'homme qu'il fallait au roi Auguste : il pourrait le tirer de tous ses embarras financiers, lui fournir les moyens de satisfaire les nombreux créanciers de la couronne et lui procurer dans sa lutte avec la Suède le véritable nerf de la guerre, c'est-à-dire l'or, sans lequel l'habileté des meilleurs généraux devient impuissante.

Pendant ce temps, le malheureux Böttger attendait, dans les angoisses les plus cruelles, l'arrêt qui devait décider de son sort ; mais les deux princes étaient également résolus à lui ravir sa liberté pour s'assurer le monopole de sa découverte. Frédéric n'avait pas même la ressource de profiter du « conflit des voleurs », car le gouverneur de Wittemberg avait commencé par le faire arrêter ; toute la question se bornait à l'alternative d'être prisonnier en Saxe ou en Prusse.

Furstenberg s'était hâté d'écrire à son maître ; il lui avait dépeint avec enthousiasme les services que pourrait lui rendre Böttger ; sa lettre produisit au Zamek, palais des rois de Pologne, une émotion fort vive. Auguste ayant fait venir aussitôt son favori le comte Beichling, s'enferma pendant plusieurs heures avec lui pour délibérer sur la grande nouvelle. Les deux illustres personnages s'entretinrent longuement du profit que devait donner le merveilleux secret ; ils voyaient déjà Charles XII réduit à l'impuissance et ne projetaient rien moins que de changer la face de l'Europe. En discutant de la sorte, ils avaient presque oublié le pauvre étudiant, instrument créateur de tant de richesses. Il fallait pourtant prendre un parti. Beichling persuada au roi que la raison d'Etat commandait de le garder au secret dans un château fort.

Ainsi un enfant de seize ans, un apprenti obscur,

était tout à coup devenu un personnage assez important pour être un sujet de guerre entre deux grands
pays. La funeste célébrité qu'il avait acquise le privait de sa liberté ; il se voyait condamné à une vie
d'aventures et de hasards, qui devait finir par épuiser
sa robuste constitution, en même temps qu'elle abais-
sait son caractère et détruisait en lui toute droiture.
Frappé de terreur par l'emprisonnement qu'il avait
déjà subi, comment aurait-il trouvé assez de courage
pour avouer l'impuissance de son art ? Ne s'exposait-il
pas à partager le sort de tant d'alchimistes qui avaient
trompé l'espoir de leurs nobles patrons ? Cependant
le roi de Prusse était très-irrité ; il envoyait dépêche
sur dépêche pour demander que le captif lui fût remis. Auguste refusa en disant que Böttger n'avait
commis aucun crime et que, né à Schleitz, sur les domaines des comtes de Reuss, il n'était pas sujet prus-
sien. A cette réponse, Frédéric frappa du pied avec
fureur, il appela « ânes » les hauts fonctionnaires
qui avaient laissé échapper « la poule aux œufs
d'or ». Il ne parlait de rien moins que de mettre la
Saxe à feu et à sang, et, s'il n'eût été retenu par les
représentations de ses ministres, il aurait tenté de re-
conquérir le fugitif par la force des armes. On n'ignorait pas à Wittemberg ces dispositions belliqueuses :
aussi tous les habitants étaient-ils frappés de terreur.
Une dépêche de Varsovie calma bientôt les craintes
des autorités saxonnes : le compromettant prisonnier
allait quitter leur ville pour être conduit sous bonne
escorte à un endroit que ses guides seuls devaient

connaître. Pour faire mieux encore perdre ses traces, on répandit le bruit qu'il avait trompé la surveillance de ses gardes et s'était échappé.

Un soir de novembre on avertit Frédéric de se tenir prêt à partir. Où le menait-on? quel sort lui était réservé? Ce fut en vain qu'il pressa de questions l'officier porteur de l'ordre royal; une consigne inflexible défendait de lui répondre. Pendant tout le trajet, les yeux du malheureux prisonnier cherchèrent un signe qui pût l'aider à reconnaître vers quels lieux on le dirigeait. Nulle lumière, pas même celle des étoiles, ne perçait l'obscurité profonde; la route était déserte, le galop rapide des chevaux qui l'emportaient se faisait seul entendre au milieu du silence de la nuit. Enfin, on arriva aux portes d'une ville, on suivit plusieurs rues bordées de maisons et de jardins, puis la noire silhouette d'un imposant édifice se dessina sur le ciel que blanchissaient déjà les premières lueurs du matin. Un pont-levis s'abaissa, les gardes échangèrent le mot de passe avec la sentinelle; Böttger traversa plusieurs cours, de longs couloirs et se trouva enfin au seuil d'un vaste appartement.

Il était à Dresde, dans la *Maison d'Or*, mystérieuse et terrible résidence qui faisait partie du château des électeurs de Saxe.

Dans sa prison même, le captif ne devait pas demeurer seul; la triste faveur de pouvoir répandre sans témoins les larmes qui l'oppressaient, lui était refusée. A vrai dire, on cachait sous les formes de la politesse la plus exquise la surveillance rigoureuse à laquelle il était soumis, et deux officiers saxons, qui se tenaient dans son appartement, avaient ordre de satisfaire autant que possible à ses moindres désirs; mais ils ne devaient pas s'éloigner un instant, même la nuit.

Ainsi Frédéric était gardé à vue, toutes les personnes auxquelles il avait fallu apprendre son arrivée, s'engagèrent par un serment solennel à ne jamais révéler sa présence. Il était séparé de sa famille et de ses amis, séparé du monde entier, car on avait pris toutes les mesures nécessaires pour faire disparaître ses traces. Et quelle serait la fin de cette captivité? Le gibet sans doute, quand son impuissance serait reconnue. Sa santé s'altéra, sa raison même faillit succomber; les bontés paternelles de Furstenberg, qui prenait un vif intérêt à sa situation, purent seules l'aider à surmonter cette crise douloureuse.

Le prince désirait obtenir du jeune alchimiste la révélation de son secret; Böttger n'osait ni avouer la vérité, ni repousser une prière qui était un ordre; il fit mine de consentir et donna la première recette qui lui vint à l'esprit, en ajoutant toutefois que certaines conditions étaient indispensables au succès de l'épreuve; il se réservait ainsi d'attribuer l'échec qu'il prévoyait à l'omission de ces formalités. Quand il était présent, l'expérience réussissait toujours, car, de manière ou d'autre, il trouvait moyen de produire de petites quantités d'or, ce qui émerveillait le prince et augmentait sa confiance; mais Furstenberg fut obligé d'aller à Varsovie pour rendre compte au roi de son administration, et naturellement l'une des choses les plus importantes dont il avait à l'entretenir était la découverte de Böttger. Comme il avait dans l'alchimie une foi profonde et que la jeunesse, le caractère doux et résigné du captif avaient gagné sa sympathie, il souhaitait vivement de le présenter à Auguste, certain que la faveur royale ne tarderait pas à le récompenser.

Avant de partir, il pria Frédéric de lui remettre ce qu'il fallait pour tenter une expérience. Le jeune homme plaça le tout dans une petite boîte et fit jurer à Furstenberg de ne procéder à l'épreuve solennelle qu'en présence du roi seulement, et après avoir invoqué avec dévotion l'assistance divine, car une grande piété était la condition la plus essentielle pour obtenir un résultat favorable. Il se promettait d'attribuer au manque de ferveur l'insuccès de l'expérience, mais un accident fort imprévu vint lui fournir une échappatoire meilleure que ce triste mensonge. Le prince de Furstenberg, à son arrivée dans la capitale de la Pologne, prit la boîte que Frédéric lui avait remise et la plaça sur une chaise dans le cabinet du roi. Un des chiens favoris d'Auguste, peu versé sans doute dans l'alchimie, et ne connaissant pas l'importance du dépôt, renversa le coffret, dont tout le contenu se répandit à terre. Une fiole pleine de mercure fut brisée; Furstenberg, dans une grande consternation, écrivit à Frédéric pour lui demander conseil. L'adepte répondit que le mercure était d'une espèce particulière, qu'on ne pouvait s'en procurer de semblable à Varsovie et qu'il ne fallait plus songer à l'expérience.

Cependant le roi s'impatienta de ces retards. Furstenberg acheta du mercure et tenta l'épreuve. Le 26 décembre 1701, les deux illustres personnages s'enfermèrent, à une heure avancée de la nuit, dans un appartement secret du château ; ils relevèrent leurs manches, mirent un tablier et travaillèrent pendant deux heures avec un zèle infatigable. Ayant barbouillé de chaux le creuset, ils y versèrent du mercure avec du borax et un peu de la teinture donnée par Böttger ; ils couvrirent le tout, puis laissèrent le mélange pendant une heure et demie sur un feu qu'ils avaient soin de rendre fort vif. Au bout de ce temps, pleins d'espoir, ils s'avancèrent pour retirer le précieux métal : hélas ! ils trouvèrent une pierre fort dure qui ne ressemblait nullement à de l'or. La confiance du roi ne fut cependant pas ébranlée : il pensa que l'opération avait été mal conduite. Furstenberg écrivit à Frédéric pour lui demander de nouvelles instructions ; il exprima en même temps son extrême surprise de l'échec qu'il venait d'éprouver, car il n'avait, disait-il, cessé d'implorer l'assistance divine et le roi lui-même s'était conformé au conseil de Böttger en mettant ordre aux affaires de sa conscience.

Les difficultés sans cesse renaissantes qu'Auguste rencontrait en Pologne, les succès remportés par ses ennemis les Suédois, l'empêchèrent de renouveler l'expérience, mais il n'en souhaitait que plus ardemment l'or promis par Böttger. Charles XII envahissait l'une après l'autre toutes les places fortes de la Pologne ; les finances du royaume étaient épuisées. « Tout va mal ici, écrivait Auguste à Böttger, et je n'attends aucun secours, à moins que Dieu ne me vienne en aide par votre entremise. » Il alla même à Dresde pour voir l'alchimiste, sur lequel reposait sa dernière espérance. A son arrivée au château, il apprit que Frédéric se plaignait amèrement de sa réclusion; on le comprendra sans peine si l'on songe que le jeune homme était enfermé derrière les murailles épaisses d'un château d'où il ne pouvait jamais sortir. Le manque d'air et d'exercice nuisait à sa santé, l'inquiétude, le chagrin, le remords peut-être des mensonges qu'il se voyait obligé d'accumuler sans cesse, le minaient lentement. Son caractère s'altéra; dans ses accès d'humeur noire, il menaçait souvent de se tuer; la surveillance devenait alors plus sévère, ce qui augmentait son exaspération. Il espéra, en effrayant son protecteur, obtenir qu'on le mît en liberté; pour cela il résolut de feindre la folie. « Tantôt, dit le rapport officiel, il hennissait comme un cheval, tantôt il mugissait comme un bœuf et donnait de la tête contre les murailles; quelquefois même il grimpait au plafond à l'aide des bois de cerf qui décoraient sa chambre; souvent il se débattait avec tant de violence que deux soldats pouvaient à peine le tenir. »

A cette nouvelle, Auguste fut grandement alarmé; il envoya des médecins pour examiner le captif, mais les hommes de science ne furent pas capables de discerner si les paroxysmes étaient affectés ou réels; le prince, fort inquiet, se résolut à essayer l'effet d'un meilleur traitement : on logea Böttger dans un appartement spacieux dont la vue s'étendait sur les jardins du palais ; un oratoire, une salle de billard, plusieurs pièces destinées à servir aux expériences furent mises à sa disposition. Le jeune homme, regardé comme un personnage considérable, avait la permission de se promener dans le parc, d'inviter même à sa table les officiers et les fonctionnaires qui étaient instruits de son séjour à Dresde. Furstenberg lui présenta aussi un noble saxon nommé Tschirnhaus, qui s'occupait beaucoup d'alchimie et dont Böttger gagna bientôt l'amitié ; enfin Frédéric semblait n'avoir rien à regretter, si ce n'est une liberté plus complète.

Malgré la bienveillance du roi et du prince de Furstenberg, le jeune homme était cependant dévoré d'angoisses ; combien il expiait cruellement ses premiers subterfuges ! Une fois entré dans la voie mauvaise, il n'avait pas eu l'énergie d'en sortir ; il s'épuisait à inventer chaque jour de nouveaux stratagèmes et la riche intelligence qui aurait pu faire de lui un homme utile, justement estimé, ne servait qu'à creuser sous ses pas le gouffre au fond duquel il trouverait bientôt peut-être l'ignominie et la mort ! Il reprit avec une ardeur désespérée l'étude de l'alchimie. S'il atteignait enfin au but désiré ! s'il parvenait à réaliser ses promesses ! Jusque-là il fallait gagner du temps ; la construction des nouveaux fours que son changement de demeure avait rendue nécessaire, lui servit à obtenir un délai d'une année ; d'autres circonstances contribuèrent encore, non-seulement à lui ménager un ajournement, mais à augmenter son importance.

CHAPITRE III

Le roi de Prusse, Frédéric-Guillaume, ne reculait devant aucun moyen pour découvrir la retraite du captif; des espions rôdaient à Dresde et aux alentours. La mère de Böttger, que la disparition de son fils avait remplie de douleur, faisait de son côté toutes les démarches dont la tendresse la plus vive est capable de suggérer l'idée. Elle se rendit à Berlin et réussit à obtenir une audience de Frédéric-Guillaume. Le roi ne pouvait rien lui apprendre, mais il résolut de se servir d'elle pour retrouver la trace de Böttger. De quoi l'amour maternel n'est-il pas capable! Sur les indications qui lui furent données, Mme Tiemann partit pour Dresde, avec plusieurs autres femmes qui devaient seconder ses recherches.

Elle demanda la permission de voir son fils. On lui

répondit que depuis son évasion de Wittemberg, on ignorait ce qu'il était devenu. Personne à Dresde ne connaissait la présence de Frédéric. Une vague rumeur circulait dans la ville à ce sujet, on ne savait rien de positif. Ce fut donc en vain que Mᵐᵉ Tiemann pressa, pleura, supplia, elle ne put rien obtenir. Alors elle se mit à errer aux environs du château, épiant ceux qui entraient et qui sortaient, questionnant les serviteurs, cherchant à corrompre les gardes. Toutes ses tentatives furent inutiles. Folle de douleur, le visage couvert de larmes, elle s'avança vers la sentinelle :

« Laissez-moi passer. Mon enfant est ici ; je veux le voir ! »

La foule s'était rassemblée autour de la pauvre mère, les femmes qui l'accompagnaient augmentaient encore le tumulte ; la police fut obligée d'intervenir, et l'on reconduisit à la frontière les solliciteuses, déclarées coupables d'avoir troublé l'ordre public.

Le secret de la présence de Böttger à Dresde était si rigoureusement gardé, que le roi Auguste, lorsqu'il s'informait des travaux du jeune alchimiste, ne le désignait jamais par son nom ; il l'appelait « l'homme de Wittemberg », ou bien encore « Monsieur Schrader ». Lui écrivait-il à lui-même, la lettre portait pour toute suscription : « A mon illustre ami. » Il était expressément défendu à Böttger d'apposer nulle part sa signature. Loin de se départir de sa vigilance, le prince de Furstenberg redoublait de précautions ; les efforts du roi de Prusse pour lui ravir son prisonnier mon-

traient quelle valeur avait une telle capture. Il fallait
que l'on fût bien sûr à Berlin de la mystérieuse puissance du fabricant d'or, puisqu'on mettait tant de per-
sistance à le découvrir !

Cependant Auguste, reculant toujours devant les
armes victorieuses de Charles XII, venait de perdre la
sanglante bataille de Clissau et s'était vu contraint
d'abandonner la ville de Varsovie. Le roi de Suède
s'y établit en maître, réunit autour de lui la noblesse
polonaise, atterrée des foudroyants succès d'un prince
qui, dès l'âge de vingt ans, s'était, par son génie, placé
au rang des plus grands capitaines. Le découragement
s'était emparé de toutes les âmes, la résistance paraissait impossible : une diète convoquée par les ordres du vainqueur prononça la déchéance d'Auguste
et déclara le trône vacant.

En apprenant ces désastres, le prince de Furstenberg alla trouver Böttger en toute hâte. Sa pâleur,
son émotion, annonçaient assez qu'il devait être porteur de fâcheuses nouvelles ; en quelques mots, il mit
Frédéric au courant de la situation.

« Vous seul, ajouta-t-il, pouvez réparer tant de
malheurs. Il nous faut de l'or pour continuer la guerre.
J'ai promis au roi de lui en envoyer à la fin de cette
semaine. Quelle somme aurai-je à lui donner ? »

On s'imagine aisément la consternation de Böttger.
Devant l'attitude ferme et résolue du prince tout nouveau subterfuge était impossible ; il promit de livrer
quelques jours après 300,000 thalers et d'en fournir
ensuite 100,000 tous les mois. Après avoir donné sa

parole, il attendit, dans l'anxiété la plus vive, les événements qui allaient suivre.

Un accident vint encore à son aide. Auguste, étant tombé de cheval, se blessa grièvement et l'on craignit pendant quelque temps pour ses jours. Avant de mourir, il résolut de voir Böttger pour obtenir la révélation de son secret, afin de léguer à son fils, encore enfant, ce riche héritage. Un officier, nommé Sternfeld, partit pour Dresde, muni d'ordres scellés du sceau royal. Furstenberg lui remit sans peine le prisonnier. Le soir venu, Frédéric et son guide se dirigèrent vers la porte de Pirna, où des chevaux les attendaient.

L'espoir de la liberté brillait enfin devant ses yeux, le roi lui-même facilitait son évasion ; la nuit était sombre, Böttger avait un cheval vigoureux et agile ; deux hommes seulement, Sternfeld et un garde, l'accompagnaient. Arrivé près d'un petit bois, il s'élança de toute la vitesse de sa monture et disparut bientôt dans les ténèbres. Il atteignit Prague le lendemain, et continua sa route vers Vienne. Comme il se sentait brisé de fatigue, l'exercice du cheval ne lui étant pas habituel, il dut, quoique à regret, acheter une voiture pour se rendre à Ems dans la haute Autriche. Mieux eût valu, il le sentait bien, ne laisser aucune trace de son passage : aussi voulait-il repartir le soir même. Par malheur, les chemins étant fort dangereux, les postillons refusèrent de marcher pendant la nuit ; force lui fut d'attendre jusqu'au lendemain matin. Au moment où, impatient de reprendre sa route, il chargeait lui-même ses bagages, deux officiers saxons lui mirent la main sur l'épaule et donnèrent ordre à leurs hommes de s'emparer de sa personne.

Le malheureux tenta de se justifier en disant qu'il avait l'intention de rejoindre le roi en Pologne, mais qu'il avait pris un chemin détourné pour ne pas tomber au pouvoir des Suédois. L'excuse était peu vraisemblable : aussi fut-il ramené à Dresde et soumis à une réclusion beaucoup plus rigoureuse qu'auparavant. Auguste, instruit de cette affaire, lui reprocha vivement son ingratitude. « De quoi se plaint Böttger, ajoutait-il, nous ne demandons pas mieux que de lui rendre sa liberté; qu'il nous fasse connaître sa recette, les portes de sa prison s'ouvriront aussitôt et il deviendra l'un des plus grands de notre cour. » Une lettre adressée par le roi à Furstenberg semblerait prouver que Böttger, avant sa fuite, avait trouvé moyen de livrer une certaine quantité d'or. Auguste remercie le prince et dit que « dans l'état actuel des choses, ce secours lui a été fort utile. » Aussi l'on avait toujours la même confiance dans le pouvoir de l'adepte et, bien que la Pologne fût presque complètement perdue, la Saxe menacée d'invasion, le roi espérait encore vaincre ses ennemis, grâce aux richesses immenses promises par Böttger. L'exemple de ce prince prouve d'une manière frappante combien de telles illusions avaient alors d'empire sur les esprits. Les vaines recherches de l'alchimie devaient cependant conduire à une découverte fort importante, celle de la porcelaine.

Par malheur, avant d'entrer dans sa véritable voie, le jeune aventurier avait encore bien des épreuves à subir. Il était gardé à vue nuit et jour et les rapports secrets trouvés dans les archives de la Saxe désignent jusqu'à dix-sept personnes chargées de le surveiller. On lui permettait, à la vérité, de se promener dans les jardins ; mais un homme armé d'un fusil se tenait à une fenêtre ouverte et ne le quittait pas des yeux un seul instant ; si le captif avait fait un seul mouvement suspect, la sentinelle devait tirer aussitôt.

Ni l'emprisonnement, ni les vexations ne pouvaient, et pour cause, décider Böttger à fabriquer de l'or. Il trouva dans son esprit inventif le moyen de gagner encore deux années. Les évènements avaient précipité leur marche. Grâce à son activité infatigable, grâce aussi aux secours de Pierre le Grand, Auguste avait rassemblé une armée nouvelle. Profitant de l'absence de Charles XII, occupé au siége de Lemberg, il rentra dans Varsovie, en chassa le prince Stanislas, que les Suédois avaient fait élire roi de Pologne, et déclara nul, comme n'ayant pas été voté librement, l'acte qui avait prononcé sa déchéance. Son courage, la noblesse et la générosité de son caractère lui avaient gagné des partisans nombreux ; il fut accueilli comme un libérateur (1704). Mais ce triomphe ne fut pas de longue durée. Charles XII accourait pour venger les siens. Tout céda sur son passage, les Saxons abandonnèrent la rive gauche de la Vistule et rentrèrent en Allemagne. Auguste avait tenté vainement de s'opposer à une fuite plus dangereuse encore que la dé-

faite. « Vous attirez l'ennemi dans vos foyers, s'é-
criait-t-il; n'est-ce pas assez que la guerre ravage la
Pologne? » Cette prédiction ne se réalisa pourtant pas
immédiatement. Charles XII voulait punir Pierre Ier
d'avoir fourni à Auguste de l'argent et des hommes;
il passa le Bug et marcha sur Grodno, mais nulle
part il ne rencontra l'ennemi; le czar savait que
l'empire russe trouverait une sûre défense dans la
configuration même de son sol, il eut la prudence de
ne pas risquer une bataille, et laissa les Suédois se
fatiguer inutilement dans les plaines marécageuses
et les forêts de la Lithuanie. Charles XII comprit qu'il
fallait renoncer à une poursuite stérile; un ennemi
plus vulnérable s'offrait à ses coups; il traversa rapidement la Silésie, franchit l'Oder, puis l'Elbe, et
vint menacer Auguste au cœur même de la Saxe.
Nulle armée ne tenait devant lui; les troupes envoyées pour l'arrêter s'enfuyaient en désordre à son
approche. Dresde allait être envahie; le prince de
Furstenberg fit transporter à Kœnigstein tous les objets que l'on voulait soustraire au pillage, puis il s'entoura de quelques hommes d'élite et se mit en devoir
d'opposer au vainqueur une résistance désespérée.

Parmi les joyaux de la couronne, Böttger était considéré comme le plus précieux. On le conduisit donc
à la forteresse, accompagné de trois ouvriers qui devaient le seconder dans ses travaux. Le secret de son
nom ne fut révélé à personne; il n'était connu que
sous ce titre : le Seigneur aux trois serviteurs.

La citadelle de Kœnigstein, située au bord de l'Elbe,

à vingt milles environ au-dessus de Dresde, s'élève
sur un roc escarpé en forme de cône. Cette place, que
la nature elle-même a eu soin de fortifier, était autrefois considérée comme imprenable; le gouvernement
saxon en avait fait une prison d'Etat, et dans les temps
de troubles un lieu de refuge. Quand Böttger y fut
conduit, plusieurs prisonniers importants s'y trouvaient renfermés; nous citerons entre autres le comte
Beichling, ce favori d'Auguste qui avait compté pour
si peu de chose la liberté du pauvre alchimiste, et le
célèbre Patkul, noble Livonien qui, après avoir vainement tenté de soustraire son pays au joug despotique
de Charles XII, était entré au service de Pierre le
Grand. Envoyé à Dresde en qualité d'ambassadeur,
il fut accusé de livrer au roi de Suède les secrets de
la Saxe et de la Russie. Ce soupçon l'avait fait arrêter
et jeter dans les cachots de Kœnigstein.

Cependant Böttger, n'étant plus gardé à vue, avait
senti se ranimer ses espérances d'évasion. Il était actif
et entreprenant; son caractère facile lui avait promptement gagné les trois hommes placés sous ses ordres. Les gardes, confiants dans les solides murailles
de la forteresse, venaient seulement à certaines
heures pour lui apporter sa nourriture. Il prétexta les
besoins de son travail, se procura différents outils et
parvint, avec l'aide de ses compagnons, à se frayer un
passage à travers les maçonneries épaisses. Deux mois
de labeur assidu devaient, pensait-il, le conduire à la
liberté. Il avait creusé un souterrain qui, d'après ses
calculs, aboutissait en dehors de la forteresse. Vêtu

du costume de l'un de ses ouvriers, il se préparait, par une nuit d'hiver, à tenter le suprême effort d'où dépendait sa délivrance; une dernière muraille, celle qu'il supposait servir d'enceinte à la citadelle, était percée dans presque toute sa largeur. Le cœur palpitant de joie et d'espoir, il fait sans bruit tomber les pierres qui restent encore; le sang coule de ses doigts meurtris, mais il n'y prend pas garde. Tout à coup, il entend un pas rapide. Est-ce la sentinelle qu'on relève? Est-ce un paysan qui rôde autour du donjon? Quel motif peut l'amener à cette heure? Le silence ne tarde pas à se rétablir, Böttger se remet à l'œuvre; il élargit le trou creusé par ses mains, passe la tête, puis tout le corps; il ne sent pas sur son visage l'air frais de la nuit; il lève les yeux et n'aperçoit pas le ciel chargé d'étoiles; une obscurité profonde l'environne. Au cri étouffé qui lui échappe, répond un autre cri. Böttger a cru franchir le rempart de la forteresse, il est arrivé au cachot de Patkul.

Cet échec ne le découragea pourtant pas. Il n'était plus seul désormais, un autre s'associerait à ses efforts. Le Livonien, charmé de l'esprit industrieux du jeune homme, forma aussitôt le projet de se servir de lui pour se venger de la Saxe, et se réconcilier avec Charles XII, dont il redoutait la colère. Devinant le caractère généreux de Frédéric, il lui représenta le mérite qu'il aurait à devenir un instrument de délivrance pour ses compagnons de captivité.

Patkul avait de bonnes raisons pour parler ainsi. S'enfuir ne lui eût servi de rien, car il fût aussitôt

tombé, soit aux mains des Suédois, soit à celles des
Saxons ou des Russes, qui tous étaient également ses
ennemis. Ce qu'il lui fallait, c'était de rentrer en grâce
auprès d'un des souverains qu'il avait offensés. Son
plan, qu'il voulait sans tarder mettre à exécution,
avait pour principal objet de livrer la forteresse au
roi de Suède. Il se garda bien de le dévoiler à Frédéric, n'étant pas assez sûr qu'il consentirait à se com-
promettre dans une pareille affaire. Le prestige du
rôle de libérateur, les dangers mêmes de la lutte, suf-
fisaient d'ailleurs pour séduire le jeune homme et
assurer son concours. De nouveaux souterrains furent
creusés pour relier entre eux les différents cachots
de la forteresse; bientôt les prisonniers, profitant de
l'absence des gardes, purent se réunir toutes les nuits.
Dans un de ces conciliabules secrets, Böttger surprit
quelques mots qui lui donnèrent l'éveil. Il sut se contenir et feignit de n'avoir rien entendu; mais à partir
de cet instant, il observa les conspirateurs, épia leurs
démarches et leurs paroles. Il ne tarda pas à connaître une partie du complot; et grâce à sa pénétration naturelle, il devina le reste. Dans quelle douloureuse perplexité il passa les jours suivants! Lui qui
avait montré tant de zèle et déployé tant d'activité
lorsqu'il s'agissait simplement de fuir avec ses compagnons, il sentit son courage défaillir devant une tra-
hison d'État. Il savait bien pourtant quel sort terrible
l'attendait quand le roi perdrait patience et commen-
cerait à s'apercevoir qu'il avait été joué; mais Auguste,
tout en le retenant captif, s'était toujours montré pour

lui plein de bienveillance. Il éprouvait le remords anticipé de l'ingratitude.

On était à la fin de l'année 1707, le jour fixé pour le complot approchait ; Böttger, le visage inondé de larmes, se tordait les mains avec désespoir. De qui prendre conseil? Que faire? Trahir des prisonniers ou bien livrer à la Suède le dernier rempart de la Saxe? Ses trois aides, témoins de sa détresse, l'accablaient de questions ; ils lui arrachèrent enfin son terrible secret et le pressèrent de tout révéler au roi. L'un d'eux avertit lui-même le gouverneur de Kœnigstein, qui redoubla de vigilance et déjoua les tentatives des conjurés. Ainsi se termina cette conspiration qui avait failli devenir si fatale à la Saxe.

Peu de temps après, le traité d'Altranstadt mit fin à la guerre. Auguste, s'humiliant devant la fortune de Charles XII, souscrivait aux plus dures conditions; il abandonnait ses droits au trône de Pologne, dont il envoyait les insignes et les archives au protégé du roi de Suède, Stanislas Leczinski ; en outre il renonçait à l'alliance de Pierre le Grand et s'obligeait à livrer au vainqueur tous les transfuges. Parmi ces derniers le plus important était le malheureux Patkul; on le conduisit au quartier général de Charles XII. Malgré la rigueur de la saison, il fut enchaîné comme un chien à un poteau, et resta trois mois dans cette situation affreuse; enfin, on l'emmena en Pologne, où il devait trouver sur la roue une mort horrible.

CHAPITRE IV

Le bastion de la Jeune Fille. — Une légende peu rassurante. Découverte inattendue. — Le roi fera-t-il grâce? — A quoi peut servir l'usage de la poudre. — Un alchimiste mis au pied du mur. — Aveu et repentir. — Böttger renonce à chercher la pierre philosophale.

Après la conclusion de la paix, Böttger fut transféré à Dresde. Cette fois, au lieu de le loger à la Maison d'Or, on lui assigna pour prison un bâtiment qui s'élevait sur les remparts mêmes et qui avait reçu le nom singulier de « Bastion de la Jeune Fille » (*die Jung Frau Bastei*).

Cette antique construction a fait place aujourd'hui à une délicieuse promenade, bien connue de tous les voyageurs, la terrasse de Brühl ; mais au temps de Böttger les habitants de Dresde n'approchaient qu'en tremblant de ce lieu redouté, car son nom rappelait au peuple une tradition lugubre. Dans les souterrains se trouvait, disait-on, une gigantesque statue représentant les traits d'une jeune fille et tenant un glaive dans chaque main. On amenait auprès d'elle les prisonniers que l'État voulait faire disparaître sans bruit. A peine la victime avait-elle jeté les yeux sur la farouche déesse, que les deux glaives se rapprochaient pour lui couper la tête, et une trappe, s'entr'ouvrant, laissait tomber dans l'Elbe ces restes mutilés. On ignore si cette sorte de guillotine existait encore au temps de Böttger. Le souterrain toutefois avait été conservé ; toutes les personnes qui devaient prendre part aux travaux du jeune alchimiste, étaient amenées en ce lieu pour s'engager par un serment solennel au secret le plus inviolable.

Böttger ne put se défendre d'un sentiment de crainte quand il se vit amené dans le Bastion de la Jeune Fille et placé sous la surveillance militaire. Ce qui rendait sa situation plus critique encore, c'était la présence continuelle du roi qui, dépouillé de la Pologne, ne quittait plus ses États allemands. Accablé par Charles XII, Auguste épiait, avec une impatience fiévreuse, l'occasion de prendre sa revanche ; il rassemblait des hommes et cherchait à rétablir ses finances ; mais le pays était épuisé par la guerre, l'alchimie seule pouvait lui fournir les subsides nécessaires pour une nouvelle campagne.

Le temps pressait. Tandis que les Suédois envahissaient la Saxe, Pierre le Grand s'était jeté sur la Pologne ; il eût été facile à Charles XII de profiter de ses victoires pour traiter avec le czar : ses ministres le lui conseillaient ; la France, obligée de lutter contre les forces réunies de l'Angleterre, de la Hollande et de l'Allemagne, lui rappelait les liens de sympathie qui unissaient les deux nations et lui demandait son aide. Mais il craignait de voir sa jeune gloire effacée par celle de Louis XIV, il demeura sourd aux avertissements de ses amis, à la voix de son allié ; il aima mieux combattre seul, se croyant sûr d'écraser Pierre le Grand. Nulle part les troupes russes ne tinrent devant lui ; enivré par ce premier succès, il passa la Vistule pour les poursuivre. A chacune des dépêches qui lui apportaient ces nouvelles, Auguste frémissait comme un coursier sous le fer de l'éperon.

« Que n'ai-je une armée, des munitions, des vivres ! » s'écriait-il avec désespoir.

Pour cela, que lui fallait-il? De l'or. Il alla trouver Böttger et le somma de remplir enfin ses engagements.

« J'ai trop longtemps attendu, lui dit-il, ma patience est à bout ; tenez au plus vite vos promesses ou sinon..... »

Il n'acheva pas, mais Frédéric lut le reste de la phrase dans ses yeux irrités ; aussi cette entrevue le laissa-t-elle en proie aux plus vives alarmes.

Il était temps que la fortune vînt au secours du malheureux alchimiste ; elle ne lui fit pas trouver ce qu'il cherchait, mais elle le mit sur la voie d'une découverte qu'il ne cherchait pas.

Il avait conçu l'espérance d'arriver enfin au but qu'il poursuivait avec tant d'ardeur, la transmutation des métaux, s'il pouvait obtenir des creusets capables de résister à une très-haute température. Surexcité par la crainte de la mort, il essayait des compositions d'argile de toute sorte. Tschirnhaus, qui, depuis son retour à Dresde, partageait ses travaux, relevait le courage de son ami; c'était un fort habile minéralogiste; il mettait au service de Böttger toute sa science. Un jour il lui apporta une argile rouge d'Okrilla près de Meissen. Les deux savants fabriquèrent avec cette substance des creusets parfaitement réfractaires. La poterie qu'ils venaient de retirer du four était dure, très-solide et présentait tous les caractères de la porcelaine, sauf la couleur et la transparence. Böttger fut le premier à en faire la remarque, il appela sur ce fait l'attention de Tschirnhaus. Celui-ci, qui avait dans l'alchimie moins de confiance qu'il n'en voulait montrer, crut voir dans cette découverte le salut de son ami.

« Frédéric! s'écria-t-il, vous venez de fabriquer une magnifique porcelaine, votre pardon est assuré! Auguste a dépensé des millions pour réunir dans un musée des vases chinois et japonais, que ne donnera-t-il pas à celui qui aura doté son pays d'une aussi précieuse invention? »

La porcelaine était un article de si grande valeur que sa découverte pouvait faire oublier les ruses et les stratagèmes du fabricant d'or. La Saxe, plus que tout autre pays, s'efforçait d'arriver à l'imitation des poteries chinoises. C'était une montagne nommée Erzgebirge, située non loin de Dresde, qui fournissait les smalts dont la Hollande approvisionnait les marchés de l'Orient. Ces smalts servaient à produire la belle couleur bleue que l'on retrouve si souvent dans les porcelaines de la Chine et du Japon. Aussi l'attention des électeurs de Saxe s'était-elle plus d'une fois portée vers ce genre d'industrie. Ils avaient fait venir d'Asie des matières premières, croyant ainsi découvrir la composition des poteries orientales. Mais on ignorait la proportion dans laquelle il fallait mélanger ces substances, et de plus, comme elles avaient déjà subi une préparation, il était très-difficile d'en analyser les éléments et de s'assurer si le sol de l'Europe n'en renfermait pas. Ces tentatives n'aboutirent à rien; le hasard, beaucoup plus que le travail, devait amener la découverte de la porcelaine; il n'en faut cependant pas moins rendre hommage à l'intelligent inventeur qui sut profiter si bien d'un accident imprévu. Le génie, a-t-on dit, n'est autre chose que la faculté par laquelle l'homme concentre puissamment son attention sur un objet. Cette faculté, Böttger la possédait à un degré fort rare; ce qui, pour tout autre, eût été une circonstance insignifiante, fut pour lui un trait de lumière.

Comme Tschirnhaus l'avait pensé, le roi, qui était fin connaisseur, apprécia fort la nouvelle poterie. Si Böttger arrivait à fabriquer la véritable porcelaine, ce serait pour la Saxe une mine d'or plus féconde et plus sûre que celle qui devait sortir du creuset de l'alchimiste. Auguste ordonna la construction de nouveaux fours, appela de Hollande des ouvriers habiles, et le Bastion de la Jeune Fille devint le berceau de la grande manufacture qui plus tard fut transportée à Meissen.

On plaça dans le Musée de Dresde les échantillons de la *porcelaine rouge;* c'était le nom que Böttger avait donné à sa poterie. Le roi en était fier, et se plaisait à montrer aux visiteurs princiers qu'il recevait dans ses États les riches objets d'art fabriqués par son alchimiste. Un jour, Frédéric-Guillaume de Prusse se rendit en Saxe avec plusieurs grands seigneurs de sa cour; Auguste mit un empressement malicieux à lui faire admirer les œuvres du captif que tous deux s'étaient disputé avec tant d'acharnement. Il offrit au roi des présents que celui-ci reçut avec une mauvaise humeur mal dissimulée. « Ce vaurien d'apothicaire, murmura-t-il entre ses dents, aurait bien mieux fait de rester à Berlin; sa poterie est plus belle que je ne le croyais. »

Encouragé par ses premiers succès, Böttger cherchait avec Tschirnhaus les moyens de fabriquer la véritable porcelaine, pareille à celle de la Chine. Ils avaient pris, pour le façonnage des pièces, un ouvrier de Dresde, nommé Fischer, et un potier célèbre, le père Eggebrecht, qui avait été fort longtemps employé dans les fabriques de Delft; les fusions préparatoires étaient faites au moyen du miroir ardent de Tschirnhaus. Les essais de cuisson durèrent quelquefois cinq jours et cinq nuits, pendant lesquels un feu violent était sans cesse entretenu dans le four. Böttger, infatigable, ne quittait pas la place; il animait ses ouvriers et savait éloigner le sommeil par sa conversation vive et entraînante.

Un matin qu'il allait tenter une expérience dont le résultat, pensait-il, devait être décisif, il attendait avec impatience Tschirnhaus pour lui communiquer quelques idées nouvelles et s'aider de ses avis; mais les heures se passèrent, son ami ne vint pas. Les jours suivants il ne parut pas davantage; Böttger, fort inquiet, apprit enfin qu'il était dangereusement malade. La semaine suivante, par une froide et brumeuse soirée d'octobre, un serviteur vêtu de noir se présenta au Bastion de la Jeune Fille : Tschirnhaus était mort, laissant à son ami le soin de continuer les travaux entrepris en commun. Nous ne décrirons pas la douleur de Böttger. Le compagnon fidèle qui lui avait adouci l'amertume des heures mauvaises, le confident dévoué auquel il pouvait sans crainte ouvrir son cœur, lui était ravi au moment où tous deux allaient recueillir le fruit de tant de recherches et d'études ; Frédéric se reprit à douter de l'avenir et de lui-même. « Poursuivre notre œuvre, s'écriait-il, hélas! le pourrai-je sans toi, excellent et cher ami! » Mais la jeunesse n'a pas d'éternels chagrins. Böttger avait vingt-trois ans. Son heureux caractère, joint à la bienfaisante influence du travail, lui donna la force de surmonter l'épreuve qui un moment l'avait accablé.

Cependant il n'avait encore fabriqué que de la porcelaine rouge ; c'était en vain qu'il essayait des combinaisons de toutes sortes, qu'il étudiait avec une ardeur opiniâtre les matières premières venues de Chine ; trouver les éléments avec lesquels il serait possible d'obtenir une poterie à pâte blanche translu-

cide, pareille à celle de l'Orient, semblait aussi ma-
laisé que de découvrir la pierre philosophale. Mais
pendant qu'il s'épuisait en efforts stériles, un incident qui devait avoir sur sa destinée une grande influence, se passait aux environs de l'Erzgebirge.

Un riche maître de forges, nommé Jean Schnorr,
traversait un jour à cheval un domaine qui lui appar-
tenait; les pieds de sa monture s'enfoncèrent dans
une argile blanche et molle; surpris de cet obstacle
imprévu, il mit pied à terre pour aider l'animal à
sortir de ce mauvais pas. En examinant de plus près
l'argile, il fut frappé de sa finesse remarquable, et,
comme c'était un habile spéculateur, il songea aussitôt que cette substance pourrait remplacer la farine
d'amidon employée alors pour les perruques. Le succès
répondit à son attente. La nouvelle poudre avait sur
l'ancienne un grand avantage, elle coûtait beaucoup
moins cher. Aussi Schnorr en vendit-il une grande
quantité dans les principales villes d'Allemagne, à
Dresde, à Leipzig, à Zittau, etc. Le valet de chambre
de Böttger, comme beaucoup d'autres, s'empressa
de saisir cette occasion d'augmenter les profits de sa
place.

Le lendemain, Frédéric, en prenant sa perruque,
s'étonna de la trouver plus lourde que de coutume; il
en demanda la cause, et le serviteur économe fut
obligé d'avouer qu'il avait employé « la terre blanche
de Schnorr ».

« La terre blanche de Schnorr! Qu'est-ce que cela?

— On dit qu'elle poudre mieux que l'autre, monsieur; tous nos seigneurs s'en servent. Voyez comme elle est fine, comme elle donne à la coiffure un cachet d'élégance!

— Vraiment! c'est bien de ces sornettes qu'il s'agit! s'écria Böttger, dont la voix tremblait d'émotion. Tu dis que cette poussière blanche est de la terre; en es-tu sûr? comment le sais-tu? »

Le serviteur, qui avait craint une verte réprimande, vit avec satisfaction la tournure que prenait l'entre-tien. Il raconta donc, avec force détails, comment Jean Schnorr avait trouvé l'argile, et comment l'idée lui était venue de la vendre. Frédéric, en proie à une agitation extrême, écoutait avidement ses paroles. Quand il eut fini :

« Tu as acheté une bonne provision de cette poudre, n'est-ce pas? Va me la chercher. »

Au bout de quelques instants, le valet apporta une boîte toute pleine de la substance en question. Böttger la lui arracha des mains et se mit à la consi-dérer avec une attention fébrile. L'œil ardent, le vi-sage enflammé, il étudiait les singuliers caractères de la poudre de Schnorr.

De l'argile blanche! N'était-ce pas là cette matière que l'Europe enviait à l'Asie?..... Le jeune homme en fit aussitôt l'essai. Qui pourrait dire avec quel soin il surveilla l'œuvre difficile de la cuisson? Combien son âme fut agitée tour à tour par la crainte et l'espé-rance? La première épreuve ne réussit pas; néan-moins Böttger, en contemplant les débris mutilés qu'on retira du four, poussa une exclamation de joie. Il en

voyait assez pour être sûr qu'il possédait la substance
si longtemps cherchée, c'est-à-dire le *kaolin* qui sert
de base à la porcelaine blanche. Il passa aussitôt
avec Jean Schnorr un contrat par lequel celui-ci s'en-
gageait à lui fournir toujours la précieuse argile. L'ex-
portation en était sévèrement défendue; on envoyait
le kaolin à la fabrique sous la surveillance de gens
assermentés et dans des tonnes scellées du sceau de
la Saxe.

Fier de cette importante découverte, Frédéric se
hasarda enfin à demander au roi son élargissement.
Mais ni son zèle, ni le service qu'il venait de rendre
au pays ne faisaient oublier à Auguste qu'il avait
promis de fabriquer de l'or.

« Vous savez nos conventions, lui répondit le prince
d'un ton sévère. Vous deviez, il vous en souvient sans
doute, me fournir soixante millions de thalers; à cette
condition seulement, vous serez libre; vous n'avez pas,
je pense, voulu me tromper? »

L'alchimiste tremblant n'imagina rien de mieux
pour se tirer de ce mauvais pas que de se retrancher
dans ses subterfuges ordinaires. Il dit qu'il ne pouvait
fabriquer plus de deux cent mille ducats par an; il con-
sentait néanmoins à fournir immédiatement la moitié
de cette somme, pourvu qu'on le laissât sortir de sa
prison. Si le roi avait accédé à sa demande, il aurait
encore une fois tenté de s'enfuir; mais Auguste, qui
se doutait de son projet, demeura inflexible. Böttger
fut surveillé avec une vigilance plus sévère que jamais
et contraint d'avouer son impuissance.

Il raconta, dans une longue lettre, ses espérances
et ses déceptions, ses remords et ses craintes; puis il
attendit dans une agitation extrême la réponse qui
devait décider de son sort. Auguste avait depuis longtemps deviné la vérité; la demande exorbitante des
soixante millions de thalers n'était qu'un jeu qui avait
pour but d'obliger Böttger à la franchise et de le
punir, par un peu de frayeur, de ses anciennes su-
percheries. Mais le prince appréciait trop l'utile et
heureuse découverte du jeune inventeur, pour songer
à user de sévérité envers lui.

« Voyez, lui dit-il avec bonté, ce qu'un premier
mensonge vous a coûté de chagrins et de larmes! Un
autre que moi vous eût depuis longtemps puni de vos
coupables détours. Apprenez donc, par cette expérience, à ne plus employer de ruses indignes de votre
caractère. »

Affranchi désormais de toute crainte, Böttger abandonna pour toujours l'alchimie afin de se consacrer
entièrement à son nouvel art. Une inscription, gravée
à l'entrée de son laboratoire, résumait l'histoire de
sa vie et perpétuait le souvenir de sa gratitude envers
la Providence qui lui avait ménagé un si utile secours;
on y lisait ces mots :

Dieu, le tout-puissant Créateur,
A fait un potier d'un fabricant d'or.

CHAPITRE V

Les embarras de l'électeur de Saxe avaient également cessé; la défaite et la ruine de Charles XII lui permettaient de cultiver à l'abri de toute inquiétude les arts de la paix.

Le roi de Suède, après avoir complétement battu les Russes à Golovtchin, le 14 juin 1708, s'était enfoncé sans défiance jusqu'au cœur de l'empire. Il voulait anéantir la puissance moscovite, et se croyait d'autant plus sûr du succès, que des discordes intestines affaiblissaient la Russie. Mécontent des réformes introduites par Pierre Ier, l'hetman ou chef des cosaques Mazeppa venait de secouer le joug et offrait aux Suédois l'appui de ses hordes sauvages et belliqueuses. Charles XII descendit dans l'Ukraine pour se joindre à lui; mais le czar, réunissant toutes les forces de l'empire, tenta un effort suprême ; il fit fondre les cloches des cathédrales pour fabriquer des canons, enflamma ses officiers et ses soldats d'une patriotique ardeur et envoya son armée mettre le siége devant Baturin, la capitale du chef rebelle.

La vengeance des Russes fut terrible : le fer et le feu ravagèrent la malheureuse cité ; les habitants, affolés de terreur, cherchèrent en vain un refuge dans les villages environnants ; l'Ukraine tout entière devint la proie des troupes impériales.

Charles XII, malgré toute sa diligence, n'avait pu prévenir ces désastres. « Les misérables Moscovites n'ont pas osé s'attaquer à moi, s'écria-t-il avec mépris ; leurs vaillants chefs ont trouvé plus prudent d'écraser les faibles, je saurai les punir de leurs cruautés. » L'éclatant succès qui toujours avait couronné ses desseins, justifiait de si fières paroles ; mais la fortune était lasse de le suivre. Un de ses généraux les plus braves fut surpris par les Russes au moment où il tentait d'opérer sa jonction avec le corps d'armée principal ; il dut détruire de ses propres mains les convois de munitions et de vivres, pour ne pas les laisser tomber au pouvoir de l'ennemi, et ne ramena au roi que six mille hommes, faible débris des compagnies d'élite qui se promettaient d'anéantir le despotisme moscovite.

Ce nouvel échec était fait pour avertir le jeune et fougueux capitaine des dangers de sa situation ; il était temps encore de quitter le sol funeste où avait pâli la gloire de ses armes, et de se replier vers la Pologne ;

mais, sourd à tous les conseils, il laissa se refermer derrière lui la seule voie de salut qui lui restât encore.

« Je ne subirai pas la honte d'une retraite, répondit-il aux sages sollicitations de ses ministres, je laverai dans le sang des Russes l'affront subi par notre drapeau. » Et il descendit les rives du Dnieper. Le terrible hiver de 1709 surprit ses troupes au milieu des steppes immenses de l'Ukraine. Plus de quatre mille hommes périrent par le froid. Le découragement et la maladie se mirent dans l'armée, mais les revers ne faisaient qu'irriter l'opiniâtreté inflexible de Charles XII. Harcelé sans cesse par les Russes, il arriva enfin devant la petite ville de Pultava. Pierre Ier y avait établi un magasin. Si le roi de Suède réussissait à prendre la place, il se rouvrait le chemin de Moscou et ravitaillait son armée de façon à pouvoir attendre des secours.

Il pressa donc le siége avec ardeur; l'espérance renaissait parmi ses hommes; le long hiver avait fait place aux premières chaleurs du printemps. La ville, pensaient les soldats, ne tarderait pas à se rendre; mais Charles XII avait enseigné l'art de la guerre à ses ennemis. Malgré toutes ses précautions, Pultava reçut des renforts; en outre, le czar s'avançait à son secours avec soixante-dix mille hommes. Le roi de Suède voulut aller reconnaître le nombre et la position de ses ennemis; comme il retournait à son camp, après avoir battu un détachement russe, un coup de carabine lui fracassa l'os du talon. « On ne remarqua pas sur son visage le moindre changement, dit le célèbre écrivain qui a raconté l'histoire du héros suédois [1], il continua de donner tranquillement ses ordres, et demeura encore près de six heures à cheval. Un de ses domestiques, s'apercevant que le soulier de la botte du prince était tout sanglant, courut chercher les chirurgiens : la douleur du roi commençait à être si cuisante qu'il fallut l'aider à descendre de cheval, et l'emporter dans sa tente. Les chirurgiens visitèrent sa plaie : ils furent d'avis de lui couper la jambe.

« La consternation de l'armée était inexprimable. Un chirurgien, nommé Neuman, plus habile et plus hardi que les autres, assura qu'en faisant de profondes incisions il sauverait la jambe du roi. « Travaillez donc tout à l'heure, lui dit le roi; taillez hardiment, ne craignez rien. »

« Il tenait lui-même sa jambe avec les deux mains, regardant les incisions qu'on lui faisait, comme si l'opération eût été faite sur un autre. Dans le temps qu'on lui mettait un appareil, il ordonna l'assaut de la place pour le lendemain; mais à peine avait-il donné cet ordre qu'on vint lui apprendre que toute l'armée ennemie s'avançait sur lui. Charles, blessé et incapable d'agir, se voyait entre le Borysthène et la rivière qui passe à Pultava, dans un pays désert, sans places de sûreté, sans munitions, vis-à-vis d'une armée qui lui coupait la retraite et les vivres. Dans cette extrémité il ordonna sans délibération, comme sans

1. Voltaire, *Histoire de Charles XII.*

inquiétude, de tout disposer pour attaquer le czar le lendemain.....

« Ce fut le 8 juillet 1709 que se donna cette bataille décisive de Pultava, entre les deux plus singuliers monarques qui fussent alors dans le monde : Charles XII, illustre par neuf années de victoires, Pierre par neuf années de peines prises pour former des troupes égales aux troupes suédoises; l'un, glorieux d'avoir donné des États, l'autre d'avoir civilisé les siens; Charles aimant les dangers, et ne combattant que pour la gloire, Pierre ne fuyant pas le péril, et ne faisant la guerre que pour ses intérêts; le monarque suédois libéral par grandeur d'âme, le moscovite ne donnant jamais que par quelque vue... Charles avait le titre d'invincible, qu'un moment pouvait lui ôter; les nations avaient déjà donné à Pierre le nom de Grand, qu'une défaite ne pouvait lui faire perdre, parce qu'il ne le devait pas à des victoires. »

Charles XII, porté sur un brancard, conduisait son armée. La plupart de ses généraux avaient vu la bataille de Narva, où huit mille Suédois avaient détruit quatre-vingt mille Russes. Officiers et soldats se racontaient les exploits de leur chef et s'excitaient à la confiance. Le premier choc de la cavalerie royale fut terrible, Pierre eut grand'peine à rallier les fuyards; son chapeau fut percé d'une balle; mais, bravant le danger, il fondit à son tour sur l'armée de Charles XII qui, épuisée déjà par une lutte de plusieurs heures, attendait en vain du secours. Le détachement qui avait reçu l'ordre d'arriver au milieu de la mêlée, pour achever la défaite des Russes, se trompa de route et ne parut point.

La bataille avait recommencé à neuf heures du matin. « Une des premières volées du canon moscovite, continue Voltaire, emporta les deux chevaux du brancard de Charles; il en fit atteler deux autres, une seconde volée mit le brancard en pièces, et renversa le roi : de vingt-quatre drabants qui se relevaient pour le porter, vingt et un furent tués. Les Suédois consternés s'ébranlèrent, et, le canon ennemi continuant à les écraser, la première ligne se replia sur la seconde, et la seconde s'enfuit. »

La déroute était complète, dix mille Suédois avaient péri, cinq ou six mille étaient prisonniers. Un des plus vaillants serviteurs de Charles XII, le comte Poniatowski, rallia cinq cents hommes, puis fit mettre le roi à cheval, malgré les douleurs extrêmes de sa blessure, et cette troupe fidèle, ranimée par le malheur de son prince, se fraya un chemin à travers plus de dix régiments moscovites.

Nous ne raconterons pas tous les incidents de cette retraite émouvante. Charles XII, poursuivi par les Russes, eut son cheval tué sous lui. Un de ses officiers, blessé lui-même, lui donna le sien. Ainsi, on remit deux fois à cheval dans sa fuite ce conquérant qui n'avait pu y monter pendant la bataille. Après deux jours de périls et d'angoisses, le roi fut rejoint sur les bords du Dnieper par quelques milliers de Suédois, débris d'une armée qui avait gagné tant de victoires Le fleuve était large et rapide, on n'avait ni pont ni bateaux. Poniatowski parvint à se procurer une petite barque sur laquelle il fit passer son maître. Charles XII était en proie à une fièvre violente, l'inflammation s'était mise dans sa plaie; incapable de veiller à son propre salut, il eût infailliblement péri sans le dévouement du comte. Cependant les Russes s'approchaient, au nombre de dix mille cavaliers. Les cadavres des Suédois morts sur la route, les uns de leurs blessures, les autres de fatigue et de faim, montraient assez quel chemin avaient pris les troupes fugitives. Quelques Suédois voulaient périr plutôt que de se rendre; ils se jetèrent dans le fleuve et tentèrent de le traverser à la nage; le plus grand nombre subit la dure loi du vainqueur. Ils défilèrent devant le général russe, mettant les armes à ses pieds, comme trente mille Moscovites avaient fait neuf ans auparavant devant le roi de Suède à Narva.

Charles XII trouva un asile à Bender, ville de la Bessarabie, chez les Ottomans. Profitant de son impuissance, tous ceux que sa fortune avait abattus, se relevèrent. Auguste II rentra en Pologne, chassa son rival Stanislas et reprit possession du trône qui lui avait été si longtemps disputé. Sa cour devint une des plus brillantes, des plus fastueuses de l'Europe; il favorisa les lettres et les sciences, développa le commerce, et embellit tour à tour ses deux capitales, Dresde et Varsovie. Parmi les progrès dus à son initiative, celui dont il se montrait le plus fier était l'invention de la porcelaine; aussi sa générosité envers Böttger ne connaissait-elle d'autres bornes que la

crainte de le voir porter ailleurs sa précieuse découverte.

Les ateliers du Bastion de la Jeune Fille étant devenus
trop petits, une ordonnance royale décréta, en 1710,
que la manufacture de porcelaine serait transportée
dans l'Albrechtsburg.

Ce château, bâti sur un rocher des bords de l'Elbe,
était inhabité. Il s'élevait au milieu de la ville de
Meissen, à une heure environ de Dresde, et il avait,
pendant des siècles, servi de résidence aux anciens
margraves, ancêtres des ducs actuels de Saxe et de
la famille royale d'Angleterre. Le palais avait été, vers
la fin du quinzième siècle, reconstruit par les princes
Ernest et Albert, qui régnaient alors ensemble sur le
pays. Il se compose de quatre étages supérieurs, d'un
sous-sol et d'une cave assez grande pour contenir
douze cents tonneaux de vin.

Le gouvernement saxon prit des précautions extraor-
dinaires pour s'assurer le monopole de la fabrication
de la porcelaine. Tous ceux qui étaient employés
dans la manufacture devaient prêter un serment,
dont la formule peut se traduire pour ces mots : « Secret jusqu'à la tombe. » Tous les mois, les principaux
chefs renouvelaient cette promesse sacramentelle, et
l'on affichait à la porte des ateliers un avis qui faisait
connaître aux ouvriers les châtiments auxquels les
exposerait la moindre indiscrétion.

Quiconque trahissait un des mystères gardés avec
tant de soins, était menacé par le roi de se voir enfermé pour la vie, comme prisonnier d'État, au châ-

teau de Kœnigstein. La manufacture d'Albrechtsburg fut soumise au régime sévère d'une forteresse; l'entrée en était sévèrement interdite à tout étranger. Quand il s'agissait de personnes que leur rang mettait à l'abri d'un refus, on leur cachait les procédés employés pour la fabrication de la pâte et pour la cuisson.

Böttger fut nommé directeur de l'Albrechtsburg, sans pour cela quitter sa résidence de Dresde. Il venait souvent visiter la manufacture, mais toujours accompagné d'un gardien chargé de le surveiller. Bien qu'il eût réussi à produire des échantillons de porcelaine qui surpassaient même les poteries orientales en beauté, en solidité, en poli et en variété, l'établissement ne prospéra pas sous sa direction. La manufacture de Meissen coûtait beaucoup et rapportait fort peu. Néanmoins l'orgueil d'Auguste était satisfait : le nom de la Saxe s'associait à une importante découverte, et le fastueux monarque se plaisait à faire présent des plus beaux produits céramiques obtenus par Böttger.

Le jeune inventeur obtint enfin, en 1714, sa liberté complète ; il pouvait maintenant jouir en paix d'une fortune si chèrement achetée; mais une longue réclusion, l'inquiétude, le chagrin, la fatigue avaient altéré sa robuste constitution ; les vins exquis, la bonne chère dont on chargeait sa table pour lui rendre la captivité moins pénible, avaient exercé sur son caractère une funeste influence. Devenu riche et libre, il s'adonna à tous les excès, et mourut en 1719, à l'âge de trente-cinq ans.

Ainsi se termina cette carrière si agitée, si éprouvée par la souffrance. Frédéric Böttger, placé dans d'autres conditions, n'aurait peut-être pas terni les brillantes facultés de son esprit, les qualités réelles de son cœur par les faiblesses et les désordres qui causèrent ses malheurs et abrégèrent sa vie. Mais il avait été désigné, dès sa naissance, sous le nom cabalistique d'*enfant du dimanche*, et ce titre lui donnait la prétention de lire dans l'avenir; de plus, il trouva dans sa famille et dans son entourage des exemples qui exaltèrent son imagination ardente. Son père lui-même, adonné aux sciences occultes, prit soin de lui en inculquer le goût. Quand il mourut, l'enfant fut envoyé au milieu d'étrangers, avec ses dangereux souvenirs et des espérances encore plus dangereuses; l'ancien monnayeur des comtes de Reuss avait laissé pour héritage à son fils une recette qui devait le conduire à fabriquer de l'or. Böttger fut donc entraîné vers l'étude décevante de l'alchimie, étude qui lui fit perdre le goût de toute occupation régulière et le mit en rapport avec des gens d'un caractère douteux.

Ne soyons donc pas trop sévères envers lui et, tout en blâmant ses écarts, sachons lui rendre la justice qui lui est due. Sa science et ses recherches ont enrichi l'Europe d'un produit éminemment utile, non moins profitable aux arts qu'à l'industrie.

Tant qu'il dirigea la manufacture de Meissen, Böttger mit tous ses soins à reproduire les formes et les couleurs des porcelaines orientales; il y réussit admirablement; ses poteries, conservées encore aujourd'hui dans les musées, ne le cèdent en rien à celles de la Chine. En 1731, l'habile Kündler, nommé directeur du modelage, donna aux travaux une nouvelle impulsion : il créa des figurines et des groupes d'une grâce et d'une délicatesse remarquables. Les ornements peints ne prirent pas moins de développement : les fleurs, les oiseaux, les insectes, furent exécutés avec une exquise perfection ; les miniatures, faites d'après les maîtres flamands, sont de véritables chefs-d'œuvre.

Mais la guerre de Sept Ans interrompit cette prospérité. Depuis la paix d'Aix-la-Chapelle, l'Europe, dans une paix profonde, ressemblait à une grande famille : les beaux-arts étaient partout en honneur, l'abondance régnait dans les campagnes, le commerce florissait dans les villes. La jalousie de l'Angleterre, l'ambition du grand Frédéric, ses luttes avec Marie-Thérèse vinrent troubler cet accord pour répandre, d'un bout du monde à l'autre, la terreur et la désolation.

Malgré l'inaction et les désordres de Louis XV, la France, avec la vitalité qui lui est propre, réparait chaque jour ses forces épuisées par les désastres qui avaient marqué la fin du règne précédent. Sa marine régénérée comptait déjà un nombre considérable de vaisseaux ; ses colonies de l'Amérique et des Indes étaient florissantes. Il y avait là plus de motifs qu'il n'en fallait pour éveiller l'inquiétude et la convoitise du cabinet de Londres ; d'un autre côté, la Prusse s'était emparée de la Silésie ; l'habile et clairvoyante

Marie-Thérèse voulait reprendre cette province à une puissance dont elle pressentait l'insatiable esprit d'envahissement; elle sut mettre dans ses intérêts la France, l'Espagne, la Russie, la Suède et la Saxe. Pendant des années entières, Dresde fut tour à tour foulée sous les pas des armées de toutes les nations; enfin la défection du czar Pierre III amena la conclusion de la paix, paix désastreuse qui coûtait à la France presque toutes ses colonies et assurait la Silésie au roi de Prusse. La Saxe fut longtemps avant de se relever du choc de cette guerre terrible; il ne fallut rien moins que la ferme volonté, la libéralité sans bornes de l'électeur Auguste III [1] pour rendre à la fabrique de Meissen son ancien éclat. Dietrich, professeur de peinture à Vienne, en prit alors la direction, et le prince de Saxe, afin de donner aux travaux une impulsion meilleure, s'attribua la surveillance immédiate de l'établissement.

Quel que soit le jugement porté aujourd'hui sur la valeur de ses œuvres au point de vue de l'art, on ne peut contester à cette manufacture le mérite d'une extrême variété. Colossales figures d'animaux en pâte grossière, ouvrages de statuaire dans le genre italien, flacons, tabatières, boîtes de montre, etc., elle a tout entrepris. Les grotesques occupent aussi parmi ses produits une place importante. De ce nombre était le groupe du *Tailleur du comte de Brühl*. Ce seigneur

---

1. Il était petit-fils de cet Auguste Ier, qui avait fondé la fabrique de Meissen et joint le titre de roi de Pologne à celui d'électeur de Saxe.

saxon, fatigué des instances indiscrètes de ce curieux, qui s'était mis en tête de visiter la manufacture, promit enfin de lui en procurer l'entrée. Notre homme arrive triomphant, mais sa joie se change bientôt en stupéfaction. Partout autour de lui s'étalent les épreuves de sa propre caricature; il se voit représenté à cheval sur une chèvre, tantôt accompagné de sa femme, tantôt chargé des insignes de son métier. Composés par Kündler, ces groupes, hauts de cinquante centimètres, jouirent longtemps d'une grande vogue.

Malgré les mesures rigoureuses qu'il avait prises, le gouvernement saxon ne put garder pour lui seul l'invention de Böttger. Des ouvriers transfuges, poussés par l'intérêt, répandirent bientôt en Allemagne les procédés de fabrication de la porcelaine. La France, qui ne voulait pas obtenir ce secret par une sorte de fraude, ne le découvrit que vers la seconde moitié du dix-huitième siècle; alors s'éleva la manufacture de Sèvres.

La fabrique de Meissen occupe néanmoins encore aujourd'hui une place élevée. A notre époque de communications rapides et de publicité complète, il n'est plus question de demander au secret une supériorité passagère; la lice est ouverte devant toutes les nations, et la palme ne peut être remportée que par de laborieux efforts, un goût pur, un art fin et délicat. La manufacture de Saxe a compris cette vérité, elle cherche à soutenir sa réputation en améliorant sans cesse ses produits.

Jusqu'en 1863, la fabrique était restée dans l'Albrechstburg, mais alors il fut décidé que le château redeviendrait résidence royale. On construisit aux environs de vastes bâtiments et la manufacture y fut transportée quelque temps après.

FIN.

TABLE DES MATIÈRES

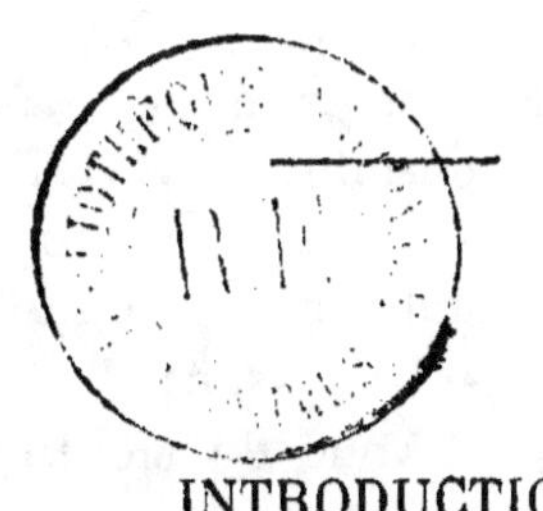

INTRODUCTION

BERNARD PALISSY

JOSIAH WEDGWOOD

FRÉDÉRIC BÖTTGER

FIN DE LA TABLE DES MATIÈRES.

COULOMMIERS. — Typ. A MOUSSIN.